中国古代体育语词

A STUDY ON ANCIENT
CHINESE SPORTS TERMINOLOGY

研究

张晓宁 著

上海三联书店

序

　　中国古代体育非常发达，不仅体育种类繁多，而且影响深远，经过几千年的历史积淀，到现在已经非常成熟，中国的体育绝大多数是长期以来自身发展的结果，同时我们也应该看到，中国的体育在长期发展的过程中也大量吸收了其他各民族的体育精华，吸收了其他各个国家的体育精髓而逐渐做大做强。在长期的发展过程中，中国体育产生了大量记载体育名称或者与体育相关的其他词语，如记录古代体育精要的田径类词语"田猎""投石""角力""拓关""扛鼎"等，记录传统武术名称的"套路""内家""外家""器械""拳术""功法""功夫""散打""软器械""双器械"等，记录游泳名称的相关词语，如"水嬉""弄潮""弄水""水秋千""泅渡"等，记录古代射术的"大射""宾射""燕射""乡射""弋射"等，记录古代球类活动的"蹴鞠""击鞠""捶丸"等，记录古代休闲娱乐活动的"秋千""拔河""登高""龙舟竞渡""马球""角抵""围棋""双陆"等，不胜枚举。这些珍贵的体育词语一直鲜有学者进行系统的收集整理，更不要说进行深入的研究了。

当前，对于传统中国体育词语进行汇集与整理，进行系统化的研究，至少有几个方面的价值与意义。首先，系统化收集的本身就具有重要的意义。系统化收集与整理传统体育词汇不仅为体育史的研究提供更为方便的资料，同时也是对数千年来的中国体育遗产进行系统化的盘点。从学科交叉的观点看，体育词汇如同其他词汇一样，其产生与发展都遵循一定的语言学规律，如都遵循汉语造词与构词规律，都呈现出词族化的规律等。其次，对于传统体育词汇的研究本身就是对汉语词汇研究的拓展与深化，汉语词汇的研究往往忽视其他语域，拓展与加强对其他语域词汇的研究可以更好地深化汉语词汇的研究。诚如陆俭明先生在"中国语言文字学 2002 高级论坛"上所言："要加强领域语言的研究，如法律、广告、新闻等语言的研究。"董志翘先生进一步指出："21 世纪要能在中古、近代汉语词汇研究上深入下去，除了关注时空因素，还应注意各领域的词汇差别。"由此可见，对于传统体育词汇的研究正是深化汉语词汇研究的产物，迎合了当前汉语词汇研究的新趋势。再次，对于传统体育词汇的研究，有利于传统体育民俗文化的挖掘，有助于了解传统社会的休闲文化，有助于整个社会文化的还原等。如，对于不同时代休闲性词语的研究就有助于了解这一时代社会的风貌。以"拔河"一词为例，从文献材料看，如唐代封演的《封氏闻见记·拔河》："拔河，古谓之牵钩……今民则用大麻绳长四五十丈，两头分系小索数百条挂于胸前，分二朋，两向齐挽，当大绳之中立大旗为界，震鼓叫噪，使相牵引，以却者为胜，就者为输，名曰拔河。"《新唐书·中宗纪》："景龙三年……及皇后幸玄武门，观宫女拔河，为宫市以嬉。"宋代梅尧臣《江学士画鬼拔河篇》："分明八鬼拔河戏，中建二旗观却前。"从中我们可以清楚地看到唐宋时期的整个社会都盛行拔河这一民俗休闲活动，"拔河"一词的背后透视着唐宋时代人民对于休闲活动的追求。又如，对于"礼射"一词的研究，可以使我们知晓西周时期的"礼射"是适用礼仪教育而产生的一项体育活动，通过礼射活动达到"明君臣之义""明长幼之序""以此观德行"，从而实现巩固宗法制度的目的。所有这些也验证了美国已故语言学家萨皮尔所说的："语言背后是有东西的，并且语言不能离开文化而存在。"通过对大量传统体育语词的考察与研究，我们可以清晰地看出体育词汇对整个中国古代不同时期社会的折射作用，为我们了解这些时代的面貌提供较为可靠的材料。所以，这就是体育词汇的珍贵价值之所在，也是本书写作的目的之所在。

目　录

绪　论

　　中国古代体育语词指的是在中国清代及清代以前的社会中使用的体育词语或者是与体育相关的游戏、戏剧中体现的体育类词语。当前，积极对中国体育的精髓进行研究，总结及研究中华体育语言词汇是传承及发扬中华文明的重要途径之一。党的二十大报告指出："增强中华文明传播力影响力。坚守中华文化立场，提炼展示中华文明的精神标识和文化精髓，加快构建中国话语和中国叙事体系，讲好中国故事、传播好中国声音，展现可信、可爱、可敬的中国形象。"中国古代体育语词分布的范围很广，同时又较为分散，如很多语词分布在古代的不同类型文献中（如大型的类书、笔记、小说、体育专著等），有的分布在方言当中。中国古代体育语词是中华民族灿烂文化的体现，对传统体育词汇进行研究与整理，不仅是对传统体育精髓的总结，更是发扬中华传统文化的重要组成部分。

一、对中国古代体育语词研究的原因

（一）深化体育史研究的需要

中国体育研究史包罗万象，体育词汇及体育词汇形成及发展的历史是不可或缺的重要组成部分。如何深化中国体育史，特别是深化中国古代体育史的研究，为进一步弘扬中华传统体育文化打下坚实的基础，这就需要体育词汇的研究深入下去。以传统的武术为例，从语言的层面进行深入研究就有较重要的理论意义，诚如有的学人所言："武术用语研究的理论意义在于深入探究武术语言的功能及其背后的文化内涵。武术用语是武术文化中的重要组成部分，通过研究武术用语可以探究武术的起源、发展和演变历程，了解武术文化的内涵和外延，深入挖掘和传承中华武术文化精髓。更重要的是可以反映出一个文化的思维方式、价值观念、社会结构和历史演变等方面的特征，对于传统文化的保护和发扬具有重要的意义。"[1]

具体来说，可以在以下几个方面进行深化：

1. 厘清体育类词语概念的产生与演变

中国传统的体育词语是如何产生的？又是如何演变

---

[1] 耿恺斌.2023.武术用语的多维研究，中国传媒大学博士学位论文。

的？哪个概念是正确的？为何最终以这个体育术语定型的？中国体育史上有许多此类的争议。解决好这些争议，厘清这些概念，对于体育史的深化研究有很大的益处。以"体育"这个概念为例，现代意义的"体育"何时产生，中间经过哪些过程才发展成为今天的体育这一科学的概念，未来的体育概念在内涵与外延方面会不会继续演变，这些都是值得探讨的问题。学术界有不少学者已经进行了研究，如日本学者岸野雄三在《体育术语史略》中，从国际视野的角度探讨了"体育"术语的研究意义，他指出："有关体育术语的科学研究必须从各术语的统一掌握和体系化开始。为此，首先应将用于体育含义的若干名词从概念上严格地规定下来。"[1]岸野雄三从"运动术藉的体系化""战后国际化时代的术语研究""最广义的体育概念""共存时代的国际合作"等几个方面对体育在国际化方面的研究情况及体育概念本身的演变情况进行了分析，深化了对体育在国际层面的研究成果，为学术界从国际视野的角度对体育的发展与了解指明了路径。中国的"体育"概念是如何产生与发展的，又是如何演变的，其间经过怎么样的过程才最终成为今天的独具特色的体育概念？

---

[1] 岸野雄三：《体育术语史略》，《成都体育学院学报》，1981年第7期。

张晓宁等在《体育的语源与语义演化轨迹》中，运用文献资料法考察了"体育"一词的语源及语义演化的轨迹，指出："中国的'体育'一词源自日本，这一词语是近代日本借助古汉语词汇翻译西方体育概念的产物，这一词语在日本定型后，于19世纪末期到20世纪初期由中国留日知识分子带回中国，体育在中国的最终扎根是和其他词语竞争中取胜的结果，现代的"体育"一词已经不能很好地概括体育科学的全部，所以"体育"这一概念势必将被更科学的术语所取代，体育界应对这一现象予以关注。"[1]

2. 深化民族体育术语的产生及发展研究

中华民族体育术语的产生与发展经过数千年的历程，有其独特之处。有些中国传统术语是如何产生的？特色是什么？张晓宁《民族传统体育术语的产生方法及特色》一文有深入的研究，她认为："发现中国传统体育术语主要是通过'描摹法'和'比喻法'两种方法产生的，这两种方法产生的术语通俗易懂，适于中国文化的传统理念。中国传统体育术语具有自己的特色，当前对该类术语进行研讨具有深化体育史研究，提高民族自豪感，减少国际体育

---

[1] 张晓宁：《体育的语源与语义演化轨迹》，《体育文化导刊》，2014年第7期。

文化争议等几个方面的意义。"[1] 至于历史上及现代的体育新词语是如何产生的,《体育新词汇的产生及其意义使用的延展性》一文明确指出:"体育新词语的产生及意义的延伸使用从本质上来说首先必须符合语言学的规律,即'本义'→'引申义'的模式,但与此同时,体育词汇在产生和发展上又表现出了自身的独特性。这种独特性突出表现在体育新词汇的产生模式及加深人们对于体育的认识方面,促进了人们对于体育的熟悉和热爱。"[2]

3. 深化民族体育与传统文化的研究

体育的术语(词语)是体育的外表,体育术语的内涵则表现为体育文化与民族的体育精神与体育理念。胡小明在《民族体育与传统文化》中指出:"共同地域,是一个民族长期共同生活并发生内部联系的条件,各民族的体育传统活动,就是在共同地域内形成的。中国自古有'南人善舟,北人善马'之说,是地理环境影响人类活动的概括。"[3] 至于有些体育术语为何如此命名,反映了什么样的文化,通过深入的研究,可以揭示出其中蕴藏的

[1] 张晓宁:《民族传统体育术语的产生方法及特色》,《淮北师范大学学报》(自然科学版),2018年第1期。
[2] 张晓宁:《体育新词汇的产生及其意义使用的延展性》,《吉林体育学院学报》,2014年第1期。
[3] 胡小明:《民族体育与传统文化》,《体育与科学》,1987年第3期。

原因。我们仍以《民族体育与传统文化》的论述为例，文章认为有些名词术语的表述甚至可以从古文字上体现出来，如作为部落的"夷"与"戎"甚至直接折射出原始的体育文化，"古代中原以东的部族被称为'夷'，在古金文中'从人从弓'，乃善射部落之特称，故有其首领羿射九日的神话；而生活在山谷丛林中的西南'戎'，因'弱于弓矢'，故在古金文中表现为持戈盾之形。"[1]再以"蹴鞠"为例，如何深化研究这一传统运动在不同时代的普及与发展情况？我们除了通过历史文献的记载研究外，还可以通过语言词汇研究进行深化。如"蹴鞠"最早出现在何时？出现的原因是什么？最早的用途是什么？语言词汇的研究可以起到很好的作用。汉代的刘向《别录》："蹴鞠，兵势也。所以练武士知有材也，皆因嬉戏而讲习之。"说明了蹴鞠起源于军队，是作为军事训练的手段而出现，后来才普及到民间。杜甫对唐代蹴鞠的描述："十年蹴鞠将雏远，万里秋千习俗同。"说明唐代这种运动已经广为流行了。宋代的蹴鞠发展如何？陆游的《残春》："语燕似催春事去，游丝不似客愁长。乡村年少那知此，处处喧呼蹴鞠场。"《春晚感事》："寒食梁州十万家，秋千蹴鞠尚豪

---

[1] 胡小明：《民族体育与传统文化》，《体育与科学》，1987年第3期。

华。"及宋徽宗《宫词》："近密被宣争蹴鞠，两朋庭际争输赢。"其中的语词形象生动地描绘了宋代"蹴鞠"普及的情形。清人的诗句"立春前一日，迎春教场，蹴鞠走马，士民竞往观之"，[1] 说明蹴鞠在清代依旧流行的事实。

这种通过语言词汇的梳理与研究，不仅厘清了某些体育现象的产生、发展，同样可以深化民族体育与传统文化之间的关系，有助于体育史的建设。

（二）开拓新的学术空间的需要

当前，体育的研究主要聚焦于体育本体的研究，而体育本体的研究主要是对体育科学的系统及系统内部构成的研究。从学理上讲，体育的研究不能仅仅局限于体育本身，而应该进一步拓展，从学科拓展或学科交叉的角度进行科学的研究会更有利于学科的发展。体育语言（包含体育词语）是体育研究的重要内容之一，体育词语的直接外形表露就是体育的概念，体育词语内涵表露就是体育语词的内容，他们之间的关系就是"能指"与"所指"的关系。然而，当前体育的研究，从体育语言词汇方面进行的研究成果较为罕见，即使有研究性成果，也是较为零碎的，这与我国作为体育文化大国与体育强国的称号是不相

---

[1] 丁世良，赵放：中国地方志民俗资料汇编．北京：书目文献出版社，1995 年，第 988 页。

符的，所以学术界需要有系统性的研究问世。

近年来，不少学者试图从不同方面对体育及其他学科的关系进行研究，其开拓新的研究领域的目的十分明显。从当前的研究趋势看，至少在以下几个方面进行了尝试：1.体育与语言的关系研究。如高强《"竞技"与"语言"：对体育与语言流变关系的语言哲学思考与谱系学考察》认为："针对体育概念定义的语言工具问题，'人工语言'派与'自然语言'派形成了体育的'语言之争'……由此发现，语言问题是体育学中展开谱系学考察的先导，谱系学为体育哲学与体育史研究的融合形成了契机。"[1]这类研究把体育语言、谱系学及体育竞技进行联系，探讨它们之间的关系。2.体育语言词汇的规范问题研究。如何做好体育语词的规范与使用？如何从国家的层面对体育语言词汇进行规范？近年来也有不少学者进行了尝试，如张庭华《树立正确的国家体育语言规范观》一文认为："为彻底消除体育语言中的病变现象，相关政府部门应出台相应的政策与法规，大力加强监督与规范管理。"[2]谢光辉则在此基础上有了进一步的认识，他在《国家体育语言问题新

---

［1］ 高强：《"竞技"与"语言"：对体育与语言流变关系的语言哲学思考与谱系学考察》，《北京体育大学学报》，2018 年第 6 期。
［2］ 张庭华：《树立正确的国家体育语言规范观》，《北京体育大学学报》，2009 年第 2 期。

论——"非形式逻辑"的哲学阐释》一文中指出:"国家体育语言问题,属于'日常语言'的研究范畴。因此,它需要运用'非形式逻辑'的方法来认识和分析,而'形式逻辑'对其根本不适用。我们应摆脱'形式逻辑'对国家体育语言的约束和限制。"[1]

以上这些研究虽然有的还很不成熟,但是毕竟代表一种新的趋势与新的方向,也代表着一种新的理念,至于未来这些交叉性研究,或者还会出现哪些新的研究课题,新的学术理念的推动必然势不可挡。

二、中国古代体育语词研究的现状

目前,国内关于体育词汇研究的学术成果多数是以单篇论文的形式体现出来的,关于体育语言词汇的研究专著基本看不到。相比之下,反而是译介性质的体育词汇专著较为常见,达几十种之多,如《英汉体育词汇》(人民体育出版社,1985)、《日汉体育词汇》(人民体育出版社,1981)、《俄汉体育词汇》(人民体育出版社,1973)、《俄汉英体育词汇》(商务印书馆,2008)、《英汉汉英体育词汇》(商务印书馆,2010)、《法英汉汉法英体育词汇》(商

---

[1] 谢光辉:《国家体育语言问题新论——"非形式逻辑"的哲学阐释》,《湖南科技学院学报》,2007年第9期。

务印书馆，2008）等，这类学术专著主要是供人们使用的工具性辞书，而非真正的对于中国体育词汇进行研究的学术性书籍。从目前来看，对传统中国体育语言词汇的形成方式，形成特色，体育语言词汇的内部构成机制，体育词汇折射的历史文化，中国体育词汇对外传播及对外影响等没有进行系统性探究与总结的书籍。纵观历史，中国传统文化中，体育是中国古代人民非常喜爱的项目，是生活的重要组成部分，如早在战国时期，中国民间就流行娱乐性的蹴鞠游戏，许多历史著作中清楚地记录了这些运动，《史记·扁鹊仓公列传》："处（项处）后蹴鞠，要蹷寒，汗出多，即呕血。"《汉书·枚乘传》："游观三辅离宫馆，临山泽，弋猎射驭狗马蹵鞠刻镂，上有所感，辄使赋之。"蹴鞠这项运动发展到近代就成为我们所熟悉的足球运动。实际上，现代很多人不知道古代的"蹴鞠"与现代的"足球"之间的关系，也不清楚"蹴鞠"究竟为何物。又如传统的健身法"五禽戏""八段锦""导引""吐纳"等名词反映了体育与健身的密切关系，这些体育名词隐藏在传统的非体育文献当中，展示了中国古代"运动是良医"的先进理念。这类中国传统的体育词汇数量非常多，但是其特点是不集中，且较为分散。当前，在大力弘扬传统文化复兴的时期，应该有系统性的研究专著问世，这是时代的呼唤。

关于中国古代体育词汇研究的学术性论文，从目前的研究情况看，基本是以零星的单篇论文形式出现，这些论文不仅数量少且研究毫无系统性可言。从研究的分类看，有的是对古代体育词语的名词及其演变进行考释的，如张晓宁、赵永明《体育的语源与语义演化轨迹》（《体育文化导刊》，2014 第 7 期），邵天逸《近代"体育教育"词语来源探析》（《中国会议》，2019 年 11 月），张新等《中国"体育"概念词汇的历史源流考析》（《上海体育学院学报》，2022 年第 5 期）。有的是对体育词语的来源进行探讨的，如马宣建《汉语体育外来语探析》（《体育与科学》，1990 年第 5 期）等。有的是探讨传统体育词语的产生方法与机制的，如张晓宁《体育新词汇的产生及其意义使用的延展性》（《吉林体育学院学报》，2014 年第 1 期）。有的是透过体育词语对地域民俗体育文化进行的研究，如李丽颖、陈庚仁《湘乡方言词语中的民俗体育文化》一文，从湖南湘乡方言中的体育词语中对该地域的民俗体育文化进行了深入的研究，得出"湘乡方言词语中包含着丰富的民俗体育内涵，其内容包括节日庆典类、农耕生产类、游戏娱乐类等方面。湘乡的民俗体育活动应民众的需要而产生和发展，受湘乡生态环境与自然条件的制约与影响，具有对自然现象与规律的'模拟'、顺自然生态环境之'势'等生态特征"[1]等结论,为体育民俗文化的研究提供了范例。

上述的这些研究为体育语词的研究做出了一定的贡献,但是令人遗憾的是这些研究成果无法真实地反映古代体育词汇的实际面貌与特点。因此,系统性地研究中国古代体育词汇的专著应该应运而生。

---

[1] 李丽颖,陈庚仁:《湘乡方言词语中的民俗体育文化》,《语文建设》,2013年第9期。

第一章
中国古代体育语词的文化价值

　　中华体育具有璀璨的文明，经过数千年的发展，中国体育不仅种类繁多，品种齐全，而且呈现出变化万千的姿态。反映在语言词汇方面则表现出数量众多的体育词汇如实地记录了中国古代体育的基本面貌及中国传统体育的发展过程及发展特点。体育语言词汇是传统体育的外在表现形式，同时也折射出体育文化的深邃内涵。

第一节　古代体育语词是中华体育文明的记录器

　　中国古代体育语词是中华体育文明的记录器，其主要的特点不仅体现在中国传统体育语词数量众多，而且表现出灿烂的古代体育文明。

一、种类繁多的体育语词

词汇是社会的记录器。"有人类社会就有语言。词汇反映着社会发展和语言发展的状况，也标志着人们对客观世界的广度和深度。"[1] 在语言的三要素中，词汇的发展是最快的，词汇随着社会的发展而不断演变。经过数千年的历史沉淀，中国传统体育词语在数量上较为繁多，如实地记录了体育社会的真实面貌。我们仅以武术中的"手法"词语为例，据不完全统计就有 40 种之多[2]，反映出传统武术手部拳法变幻莫测的实际情况。以下我们根据中国传统体育的实际情况进行分类说明。

（一）武术类词语

中国武术源远流长，是中国传统健身体育的历史性结晶。"武术是以中华文化为理论基础，以技击方法为基本内容，以套路、格斗、功法为主要运动形式的传统体育……与我国传统文化的诸多方面有着密切的联系，是中国传统文化的重要组成部分。"[3] 武术词汇是一个系统，武术词汇的大系统由若干个子系统构成，按照武术的系

---

［1］ 黄伯荣，廖序东：《现代汉语》，北京：高等教育出版社，1990 年，第 200 页。
［2］ 蔡仲林，周之华：《武术》，北京：高等教育出版社，2015 年，第 240 页。
［3］ 蔡仲林，周之华：《武术》，北京：高等教育出版社，2015 年，第 1 页。

统内部构成不同，武术词汇可以进一步分为若干词汇子系统。

1. 武术技能性词语

（1）武术基本词汇

"中华武术作为中华传统文化的一部分，其中蕴含了古人的经验和智慧，它不仅是一种用来竞技防身、强身健体的手段，还是民族精神和历史文化的重要载体，深受广大人民群众的喜爱和认可。"[1]武术基本词汇记录了中华传统武术的基本情况，是中国传统武术文化的直接体现者，反映了武术的基本性问题。如"民族传统体育""套路""内家""外家""器械""拳术""功法""功夫""散打""软器械""双器械"等概念，是武术爱好者了解武术的基础性概念，有些武术基本词语甚至在国外广为流传，如"功夫"一词在国外流传甚广，甚至取代了"武术"这一本体概念，是外国人了解中华武术的重要的概念之一。如《深圳特区报》（1986年3月13日）："中国功夫和西洋拳击，究竟谁优谁劣，这是中外人士均感兴趣的问题。"《人民日报》（1984年7月31日）："也有画中国'功夫'的，画面上拳击格斗，棍棒相迎，飞脚踢刀，好不热闹。"

---

[1] 李燕，罗日明主编：《中华武术文化》，北京：应急管理出版社，2021年，第1页。

（2）拳术词汇

拳术是武术的重要构成成分。从学理上讲，"拳术是武术运动的重要内容，多指徒手套路。武术拳种纷纭、流派众多，据1979年全国挖掘整理武术遗产资料显示，依据拳流有序、拳理明晰、风格独特、自成体系等原则确定全国共有129个拳种"。[1]纷繁众多的拳术名词展示了博大精深的中华武术内涵，是中华体育文明的一个重要的窗口。拳术的名称基本包含了以下这些专有名词，如"太极拳""长拳""八卦掌""螳螂拳""少林拳""劈挂拳""戳脚""通背拳""形意拳""南拳""北拳""翻子拳"等，这类大的拳术词汇系统里面包含若干小的拳术名称，以形意拳为例，包含有"三体式""劈拳""崩拳""钻拳""炮拳""横拳"等，展示了中华传统拳术的博大精深。

图一　拳术名称系统

---

[1] 邱丕显主编：《中国武术教程》，北京：人民体育出版社，2016年，第50页。

（3）手法词汇

在传统的中国武术当中，表示拳术的手法词语较为丰富多彩，这些术语形象生动地描绘了武术手法变幻莫测的情形。我们仅以长拳中的手法为例，就有表示不同手法的"冲拳""架拳""推拳"等。这些不同的拳术手法术语，从不同方面对拳术手法进行了描述，理解好这些概念对于习武者来说具有较好的帮助。如"冲拳"就是四指并拢卷握，拇指紧扣食指和中指的第二指节处，拳握紧，拳面平，直腕出拳。"冲拳"的要领就是在一个"冲"上，何谓"冲"？必须理解透彻。"冲"，就是"直朝某一方向而去"，因此"冲拳"表示这一手法动作必须要快速有力，爆发力要非常强，要有瞬间的力量等动作要领。再以太极拳中的手法词语"捋"为例，一般不熟悉这个术语就无法准确理解或者学习这一太极动作。"捋"，指的是"用手握物向一端滑动"。如《水浒传》第二六回："武松捋起双袖，握着尖刀。"如何科学理解太极拳的"捋"？肯定要遵循"捋"的语义进行准确把握，那就是"以两手一前一后，掌心一下一上相辅助，有随腰旋转向后下方回捋之势"。[1]

---

[1] 邱丕显主编：《中国武术教程》，北京：人民体育出版社，2016年，第78页。

（4）腿法词汇

腿法是拳术的重要组成部分，腿法语词在拳术语词的占比当中比重较大，通观各类拳术都有表示腿法的语词，根据不完全统计，长拳中的腿法语词有7个，太极拳中表示腿法的语词有2个，南拳当中表示腿法的语词有5个，八卦掌当中表示腿法的语词有4个，通背拳当中表示腿法的语词有6个，劈挂拳当中表示腿法的语词有3个，少林拳当中表示腿法的语词有7个。由此可见，中华武术之中腿部动作的丰富，腿部动作的变幻莫测，具有较强的技击性。有些表示腿部动作的词语通俗易懂，形象生动，如长拳当中的"正踢腿""侧踢腿""外摆腿"等。但是，有些腿法词语则较为晦涩，如长拳当中的"弹腿"，南拳当中的"横钉腿"，通背拳当中的"撩腿"等，则需要专门的理解或者学习才可以真正懂得其中的要害。

以上，我们拣选了几组较有代表性的武术词语进行阐释，以达到抛砖引玉之作用。当然，还有其他诸多类型的武术词语，如"器械词汇""手形词汇""步法词汇""步形词汇""跳跃词汇"等种类的词语，这些类型的语词基本都是表示武术技术性的词语，对于练习武术，领悟武术的学习技巧都有较好的作用。

2. 武术谚语

何谓谚语？谚语是群众口语中通俗精炼、含义深刻的固定短语。它揭示客观事理，是群众智慧的结晶，富有教育意义[1]。武术谚语是数千年来人民群众在练习武术的过程中对武术感悟的历史性结晶。这些武术谚语有的是从精神层面进行的总结，如"冬练三九，夏练三伏"是鼓励习武之人要能够吃苦习练，要具有坚持不懈的精神。有的是从习武之人必备的武德方面进行的总结，如"文以评心，武以观德"指的是武术是习武者道德精神的展示，强调的是习武者要有高尚的武术道德。"坐如钟，立如松，行如风，卧如弓"则指的是习武者必须遵循的行为准则，强调的是习武之人应该遵循的日常行为姿态等。

（二）休闲体育类词语

休闲体育是相对于竞技体育而言的体育活动，"对休闲体育广义的理解是用于娱乐、休闲的各种体育活动。它与体育运动的其他领域有着对立统一的关系"。[2]中国古代休闲体育门类繁多，如象棋、围棋、五子棋、飞镖、垂钓、太极健身、攀岩、投壶、蹴鞠、竿技、绳技等，皆为古代常见的休闲体育活动项目，呈现出中国古代休闲体育

---

[1] 黄伯荣，廖序东：《现代汉语》，北京：高等教育出版社，1990年，第252页。
[2] 周兵：《休闲体育》，桂林：广西师范大学出版社，2000年，第2页。

波澜壮阔、多姿多彩的盛况。大致说来，古代的休闲体育词语可以分为如下几类：

1. 球类运动词语

球类运动是古代最为常见的休闲体育活动之一，如"蹴鞠""马球""步打球""驴鞠"等，都是古代社会百姓喜闻乐见的球类项目。其中，"蹴鞠"活动尤为常见，因下文有专门的考释，故此不赘述。我们现在有些休闲体育的项目，来源于古代休闲体育对古代体育项目的历史继承，仅以"马球"为例，就可以从这个词语之中寻找到其历史的来源，显示出古代灿烂的球类休闲体育活动情况。"马球"，就是我国古代的击鞠。比赛分二队，每队四人，前锋后卫各二。球场长方形，运动员骑马，用藤柄带木拐的曲棒把球击入对方球门为胜。这类马球运动在中国古代又称为"击球""打毬"等，唐宋时期非常流行，唐宋文学作品中可见一斑，如唐代皇甫枚《三水小牍·王知古》："有王知古者……退处于三川之上，以击鞠飞觞为事，遨游于南邻北里间。"《旧唐书·德宗纪上》："寒食节，上与诸将击鞠于内殿。"宋代沈括《梦溪笔谈·技艺》："余观弹棋绝不类蹴鞠，颇与击踘相近。"《宣和遗事》后集："至正隆五年，命契丹海滨延禧并天水赵某皆往骑马，令习击掬。时帝手足颤掉，不能击鞠，令左右督责习之。"皆为较好的明证。宋代时，马球运动甚为发达，朝廷竟然改"打球务"为"击鞠院"，使得打球得到进一步重视[1]。

2. 杂技类词语

杂技是古代中国社会比较流行的休闲体育项目，古代的杂技又称为"杂戏"，包括百戏、杂乐、歌舞戏、傀儡戏等。《汉书·武帝纪》"三年春，作角抵戏，"颜师古注引汉文颖曰："名此乐为角抵者，两两相当角力，角技艺射御，故名角抵，盖杂技乐也。"《魏志·乐志》："六年冬，诏太乐、总章、鼓吹增修杂技，造五兵、角抵、麒麟、凤皇、仙人、长蛇、白象、白虎及诸畏兽、鱼龙、辟邪、鹿马仙车、高絙百尺、长趫、缘橦、跳丸、五案以备百戏。"上举的书籍中可以看出，古代杂技类词语非常多。从这些杂技词语当中，我们可以看出中国古代社会对休闲活动的开展情况。我们以唐宋时代较为流行的杂技"马戏"为例进行说明。"马戏"原为古代一种技艺，如何理解"马戏"？《魏大飨碑》中记载有"戏马立骑之妙技"[2]。唐宋时，马戏基本指的是驯马和马术表演，发展

---

[1] 王俊奇：《宋代体育文化史》，北京：北京体育大学出版社，2009年，第119页。

[2] 黄珺：《中国古代的马戏》，《体育文化导刊》，2003年第12期。

到现代则成为各种驯兽乃至杂技表演的统称。汉代桓宽《盐铁论·散不足》:"戏弄蒲人杂妇,百兽马戏斗虎。"《三国志·魏志·文昭甄皇后传》"后三岁失父",裴松之注引晋王沈《魏书》:"后自少至长,不好戏弄。年八岁,外有立骑马戏者,家人诸姊皆上阁观之,后独不行。"隋唐时期的马戏最精彩之处在于"舞马登床""舞马衔杯"的表演,这些词语形象地说明了其中的难度,"骑手骑马出场,跃上三层相叠的画榻,马载着人在狭小的画榻高处表演骑技……在整个舞马进入尾声时,'舞马'即向四方跪拜、行礼,还衔杯劝酒,这便是著名的'舞马衔杯'表演"。[1]

3. 节令习俗活动词语

节令习俗活动是古人休闲娱乐活动的重要组成部分。古代的节令习俗活动类词语较多,如"寒食""清明""上元观灯""竞渡""重阳登高"等,构成了系列古代节令性词族。其中,多数的节令性词语已经为广大的民众所熟悉,但是也有少数节令性中蕴含的娱乐性项目词语不为民众所熟知,如唐代上元节观灯时候的"踏歌"一词就属于较为罕见的词语。"踏歌"是唐代上元节中必备的一个活

---

[1] 黄珺:《中国古代的马戏》,《体育文化导刊》,2003年第12期。

动，为"拉手而歌，以脚踏地为节拍"的娱乐活动，唐代储光羲《蔷薇篇》对此有描述性的诗句："连袂蹋歌从此去，风吹香去逐人归。""踏歌"又名"踏地"，《资治通鉴·唐则天后圣历元年》："尚书位任非轻，乃为虏蹋歌。"胡三省注："蹋歌者，连手而歌，蹋地以为节。"则直接反映了元宵节妇女们踏歌欢畅的盛况。实际上"踏歌"与"踏地"还是有些不同的，"踏地"更多指的是歌舞时以脚踩踏地面为节拍，而手未必相互拉扯。《赵飞燕外传》："时十月五日，宫中故事，上灵安庙，是日吹埙击鼓，连臂踏地，歌《赤凤来》曲。"又如，古代端午节中的"射鸭"与"射团"等休闲体育活动名词，也属于较为稀见的语词，何谓"射鸭"与"射团"？"射团，是将粽子制成小小的粉团，放在盘中，宫女们用小角弓射之，中者得食，别有一番趣味。另有宫女们在岸边轮流用弓箭，射击漂浮在水面上的木制鸭子，称为'射鸭'。"[1] 挖掘这类较为稀罕的词语，对于深度挖掘古代休闲体育及其休闲文化有着较为重要的意义。

除了以上几种休闲类体育词语外，还有如"舞蹈类词语""围棋词语""骑射武术词语"等不同休闲体育词语，

---

[1] 王佩丽.2015.盛唐时期女子休闲体育的发展及其启示,成都体育学院硕士学位论文.

共同构成了古代休闲体育词汇语义场，反映了博大精深的中国古代休闲体育类型及文化。

第二节 体育语词折射出繁荣灿烂的中华体育文化

"文化是指人类活动的模式以及给予这些模式重要性的符号化结构，具体包括语言、习俗、地域、音乐、文学、绘画、戏剧、思想等，客观地说就是社会价值系统的总和。"[1]中华民族几千年的体育文化丰富多彩，博大精深。中国古代体育在生产劳动与社会实践中产生，不仅种类齐全，而且非常发达，满足了古代劳动人民基本身体活动的需求。从古代体育实践上看，中国古代体育的名词繁多，如从远古时代的田径系列词语，上古时期的射箭系列词语，后来的球类运动系列词语等，无不闪烁着中华文化的光芒。具体说来，中华体育反映的历史文化至少包括以下几个方面：

1. "生命在于运动"的文化

"生命在于运动"源于法国思想家伏尔泰，他首次提

---

[1] 蔡仲林，周之华：《武术》，北京：高等教育出版社，2015年，第29页。

出了"生命在于运动"的至理名言。其实，中国古代人已经具有了这个较为朴实的理念。我们从一些语词中可以看出端倪。比如，我们习见的"游泳"一词，在上古时代就频繁出现在文献之中。《诗经·汉广》："南有乔木，不可休息。汉有游女，不可求思。汉之广矣，不可泳思。江之广矣，不可方思。"其中的"游"指的是"人或动物在水中行动"。"泳"则指的是"潜行于水中；浮游"。如《诗·周南·汉广》："汉之广矣，不可泳思！"毛传："潜行为泳。"清代吴烺《醉蓬莱·葫芦》词："丹灶难成，方舟独泳，阅几番陈迹。"都有明确的论述。从词语的解读中我们可以看出，上古时期的民众已经非常重视运动，不仅说明普通的游泳比较习见，而且说明潜泳也较为常见，不仅男性喜欢游泳运动，甚至女性也十分喜欢游泳活动。又如，"踢毽子"运动是广为盛行的健身活动，在中国古代非常流行。古人对于踢毽子运动在时间上是有选择的，明代的刘侗、于奕正在《帝京景物略·春场》中讲得非常清楚："杨柳儿活，抽陀螺；杨柳儿青，放空钟；杨柳儿死，踢毽子。"这就说明古代的踢毽子活动一般是在冬天进行的。古人甚至认识到踢毽子活动不仅可以强身健体，甚至可以达到活血御寒的作用，这一点从清代富察敦崇《燕京岁时记·风筝毽儿》："毽儿者，垫以皮钱，衬以铜钱，束以雕翎，缚以皮带，儿童踢弄之，足以活血御寒"中也可以明显地看出来。

2. 礼的文化

中国传统体育十分重视"礼"，"中国古代体育作为传统文化的一个组成部分，必然要受制于礼文化的约束"。[1]中国传统体育中的"礼"各种各样，如西周时期的"大射""宾射""燕射""乡射"等共同构成了古代传统的"礼射"文化。"射礼"在古代的学校教育中成为教学的内容而直接付诸实施。许多传统的体育项目必须在礼的框架下进行，如唐代的"十五柱球"游戏，柱子上标识出"红字：仁、义、礼、智、信、温、良、恭、俭、让；黑字：慢、傲、佞、贪、滥"等字，击中红字者胜（仁者胜），击中黑字者败（滥者负），体现了儒家的尊崇仁义道德的礼俗文化。在武术方面同样也是如此，武术的练习者最基本的要求是恪守武德，所谓的武德就是武术练习者必须遵守的"礼"。习见的"欲练武，先修德""拳以德立，德为艺先"及武术谚语"尚德不尚力""无德不如无拳"等语词无不表达了武术修炼的"礼"的文化。因此，"古人认为，必须将欢娱身心的自娱活动纳入'礼'的控

---

[1] 杨向东：《中国古代体育文化史》，天津：天津人民出版社，2000年，第8页。

制之下并认识到经过礼规范的体育活动，是实施教化的重要形式……这些思想反映了古人对体育在道德教育和精神文明建设中作用的理性认识，是我国古代体育思想的重要组成部分"。[1]

3. 养生文化

中国古代体育文化在重视体育健身的同时也重视体育养生、休闲养生，形成了独特的养生文化。"养生体育是中国古代体育文化中一个重要的内容，同时也是世界体苑中一朵奇葩。它是中华民族对人类的一大贡献。"[2]何谓"养生"？"养生"指的是"摄养身心使长寿"。《庄子·养生主》："文惠君曰：'善哉！吾闻庖丁之言，得养生焉。'"由此看出上古时代的人们已经认识到养生的重要性，并实时关注养生的方法。宋代的陆游在《斋居纪事》中指出了宋代人养生的具体方法，如《斋居纪事》："食罢，行五十七步，然后解襟褪带，低枕少卧，此养生最急事也。"这就是现在的"饭后百步走，能活九十九"的最初表达。清代的袁枚在《随园诗话》中亦指出了清代的养生方法，《随园诗话》卷二："同年储梅夫宗丞，能养生，

---

[1] 熊晓正：《我国古代体育思想研究之管见》，《体育科学》，1986年，第1期。
[2] 杨向东：《中国古代体育文化史》，天津：天津人民出版社，2000年，第278页。

七十而有婴儿之色。"

中国古代的养生文化之所以形成，有着深刻的历史渊源，是古人对健康长寿不懈追求而自然形成的结果。上古时代的《诗经》中就有"万寿无疆""万寿无期""寿考不忘"等名词，反映了这一时代人对健康长寿的追求与向往。在整个古代社会中，养生方法不断出现，养生名词不断得以积累，通过这些养生名词，如后来的"导引""虚无恬淡""邸视""虎顾""吐纳""按摩"等的梳理，我们可以看出中国古代养生术的博大与精深。

4. 社会治理的文化

中国古代的体育在发挥体育健身作用的同时，甚至发展成为一种社会优秀人才的选拔与治理制度，成为较为独特的中国古代的社会治理文化，其突出的表现就是"武举制"。作为专有名词的"武举"，指科举制度中的武科。《新唐书·选举志上》："（武后）长安二年，始制武举。其制，有长垛、马射、步射、平射、筒射，又有马枪、翘关、负重、身材之选。"其中的专有名词"长垛""筒射""步射"等词语体现了唐代的武举选拔取士制度的具体情况。如何谓"长垛"？唐代的"长垛"就是"将布帛制成的箭靶（即垛）放置在一百零五处，上画有五个规（即院，今为环）。应试者用一石弓、六钱之箭列坐引射。

三发不出第三院为第，入中院为上，入次院为次上，入外院为次。"[1] 从中可以看出唐代选拔制度的具体方法。唐代设置武科的根本目的是"恐人忘战""教人习武艺"。隋唐时代设立的武举制度，使习武的内容和标准有了一定的规范，……在一定程度上扩大了武术人才的来源，保证了人才的质量。[2] 从而形成了独特的社会管理文化。

除了上述几种体育文化之外，还有一些其他值得赞赏的体育文化，如百折不挠的竞争文化，注重健身与养生的休闲文化等，都是中华体育博大精深文化的重要组成部分。鉴于篇幅，不再赘述。

5. 对外传播的文化价值

中国古代体育源远流长，传统体育文化较为灿烂。在古代的中国，随着与外界交流的深入，中国体育的对外影响日益扩大，很多古代体育项目成为外国体育界引介的对象，影响深远，彰显出中国体育的价值。中国古代体育的影响主要是东亚，如对日本、朝鲜等国家的影响较大，今天这些国家还保留有古代中国体育的项目，虽然有些项目已经变异，但是从基本的规则与运动体系上看，还

---

[1] 杨向东：《中国古代体育文化史》，天津：天津人民出版社，2000年，第321页。
[2] 杨向东：《中国古代体育文化史》，天津：天津人民出版社，2000年，第323页。

保留有较强的历史影子。如"太极拳等作为中华民族独特的养身体育运动，不但深受国人喜爱，而且随着中西文化的交流，已逐渐被西方人士所喜爱"[1]，太极拳在欧美国家被称为 Taijiquan，已经成为中国养生的专有名词而广泛流传了。又如，以影响较大的日本为例，"古代日本大量吸收、借鉴汉文化，汉语曾是日语的主要外来语语源。早在汉、唐时期，相扑、激鞠、马球、围棋等体育词语就伴随这些体育项目传入日语"。[2]古代日本的踢球运动就始于唐代，日本古书《蹴鞠九十九个条》："鞠，始于大唐。"[3]很明显，作为专有名词的"蹴鞠"在日本古代社会已经生根发芽。现代日本社会的"相扑"被誉为日本的国宝体育文化，其实，这一运动来源于中国。"相扑"为中国传统体育项目之一，古代称角抵，就是今天的摔跤之术。《太平御览》卷七五五引晋王隐《晋书》："襄城太守责功曹刘子笃曰：'卿郡人不如颍川人相扑。'笃曰：'相扑下技，不足以别两国优劣。'"宋代高承《事物纪原·博弈嬉戏·角抵》："今相扑也。《汉武帝故事》曰：'角抵，昔六国时所造。'《史记》：'秦二世在甘泉

宫，作乐角抵。'注云：'战国时增讲武，以为戏乐相夸，角其材力以相抵斗，两两相当也。汉武帝好之。'"由此可见，今天日本的"相扑"运动的历史渊源在中国。从词源学的角度来说，日本的"相扑"一词等价于中国古代的"相扑"，所以中日两国对于这一名词都较为熟悉是有历史根源的。

有时候，古代体育术语传播到国外后，由于对于术语历史渊源的模糊或者失忆，常常造成国际体育文化的摩擦。以"龙舟"为例，"在2009年出现这样的事情，韩国要注册端午节甚至表示屈原和龙舟也是韩国的。中国民众愤然而起，据理力争，但是又有多少人深入地了解这些历史，尤其是龙舟运动的历史呢？"[1] 由此观之，加强对中国古代体育术语的研究有着重要的理论和实践意义。

---

[1] 韩国端午祭申遗警示国人龙舟宣传力度仍需加强［EB/OL］. (2011-03-11). http://news.sports.cn/other/2011-03-11/2130434.html.

第二章
中国古代体育语词的形成与发展

第一节 中国古代体育语词的形成

中国古代体育语词的形成有其深刻的历史根源与社会原因。除此之外，中国传统体育语词的命名始终遵循词语的产生机制，"纵观中国体育史上的民族传统体育术语的产生及发展，可以看出，古人在对体育事物命名的过程中，始终遵循一定的语言规则，这种命名展示一定的理据，在体育实践基础上不断推陈出新，衍生出新的民族传统体育概念"。[1]

一、形成的原因

体育是在生产劳动中产生的，社会性是体育的基本

---

[1] 张晓宁：《民族传统体育术语的产生方法及特色》，《淮北师范大学学报》（自然科学版），2018 年第 1 期。

属性。"词汇反映着社会发展和语言发展的状况，也标志着人们对客观世界认识的广度和深度。"[1]体育词语的产生是随着社会的发展而不断产生的，随着社会的变化而不断更新的。奴隶社会中，"田猎"与"武舞"概念的产生是历史选择的必然，"在奴隶社会，战争的基本形式是以战车为主的阵战，故其军事训练的主要形式是'田猎'与'武舞'"。[2]社会大发展，历史的进步，生活水平的提高，直接推动了人们对身体健康与休闲生活的追求，因此按摩、气功、导引等体育名词不断产生，这是历史发展的必然。对外交流的产生自然促使外来体育名词的进入，"体育"本身就是源自日本的名词。"英语的 table teenis，日本人译之为'卓球'。'卓'者，几案也，今通作'桌'。'卓球''桌球'曾一度作为体育外来语在汉语中出现，后逐渐被'乒乓球'所替代。"[3]民族融合与民族间的交流同样促使外族体育词语进入中原，明末清初满族体育词语"莽式 / 势"（maksi）逐渐进入汉地。由此可见，生产生活、社会发展与对外交流等系列因素都会促进体育名词的产生。

---

[1] 黄伯荣，廖序东：《现代汉语》，北京：高等教育出版社，1990 年，第 200 页。
[2] 刘国红：《中国古代体育》，呼和浩特：远方出版社，2005 年，第 5 页。
[3] 马宣建：《汉语体育外来语探析》，《体育与科学》，1990 年第 5 期。

二、形成的方式

体育词语的产生是历史的必然，另一方面体育词语的产生方式属于语言学的范畴，遵循语言学的产生机制与规则。具体来说，中国古代体育词语的产生是通过以下几种方式产生的。从大的类型上看，基本可以分为两个大类：

（一）外来体育词语的形成方式

1. 音译词

所谓的音译外来词指的是直接把语音借过来的词语，如"葡萄""咖啡""沙发""歇斯底里"等。中国古代的体育语词有的是借自国外的或者是其他民族的体育词语，这类语词大都是通过音译词的方式借入的。如"技有"是日语词 Waza-Ari，是柔道比赛中的一个技术动作，当一方获得两个技有的时候，就会算作一个一本，比赛即告结束。"体操"同样是日源词，日语中读作"taiso"。又如来自蒙古语的民俗体育项目"那达慕"就是"那雅尔（Nair）"，"那达慕"是蒙语的译音，意为"娱乐、游戏"，以表示丰收的喜悦之情。有时候，如果搞不清古代的音译外来词，就会出现读不懂文献的情况，如宋元时代的文献中常常出现"贵由赤"或"贵赤"一词，如《元史》卷一九："辛巳，赐贵由赤戍军钞三万九千余锭。"

《元史》卷一三：“赐合剌失都儿新附民五千户，合剌赤、阿速、阿塔赤、昔宝赤、贵由赤等尝从征者，亦皆赐之。”其中的“贵由赤”是何意义？原来，“贵由赤”为蒙古语音译，意为快走健脚者。《南村辍耕录》卷之一：“贵由赤者：快行是也。每岁一试之，名曰放走，以脚力便捷者膺上赏。”

2. 意译词

“意译汉语体育外来语一般可顾名思义，在构词意义上与原有的汉语词汇相接近，容易被汉语同化和接纳。”[1] 如英文中的 football 汉语翻译成为“足球”就是典型的意译词。类似的还有 handball，翻译成汉语就是“手球”。意译词在体育外来词中占比不大。汉语中的有些外来体育意译词，如果不认真研究是看不出来的。如近代的“柔道”一词源自日本语，日本人以“柔道”命名其在中国拳术基础上发展而成的一种体育项目。其实，“柔道”在中国本已有之，只不过语义为“温和谦让的处世之道”而已。《易·姤》：“象曰：‘系于金柅，柔道牵也。’”孔颖达疏：“阴柔之道，必须有所牵系也。”其他的，如“体育”等词语也是意译词。

---

[1] 马宣建：《汉语体育外来语探析》，《体育与科学》，1990 年第 5 期。

3. 音译加类别体育词

这类词语的典型特征就是词语的前面部分是音译词语，后面的部分是表示类别词语。汉语中典型的这类词语有"高尔夫球"（golf）等，golf-高尔夫，后面是类别"球"。又如，保龄球（bowling）也是如此。

（二）本土体育词语的造词方法

中国传统体育词语的产生是通过多种途径与方法产生的，蕴含着极其深厚的中华文化。我们拣选常见的方法予以说明。

1. 描摹法

"描摹法就是通过对传统体育项目进行直接描述的方式，对体育现象进行的命名。纵观体育史上的诸多体育名词，这种命名方式占据较大比例，十分流行。"[1] 以"五禽戏"为例，其命名的方式就是通过描摹进行的。五禽之戏，一曰虎，二曰鹿，三曰熊，四曰猨，五曰鸟。具体的解释见《后汉书·方术传下·华佗》："佗语普曰：'人体欲得劳动，但不当使极耳……吾有一术，名五禽之戏，一曰虎，二曰鹿，三曰熊，四曰猨，五曰鸟。亦以除疾，兼利蹄足，以当导引。体有不快，起作一禽之戏，怡而汗

---

[1] 张晓宁：《民族传统体育术语的产生方法及特色》，《淮北师范大学学报》（自然科学版），2018年第1期。

出。因以着粉，身体轻便而欲食。'"又如传统的体育名词"投壶"，同样也是通过描摹的方法产生的"宾主依次用矢投向盛酒的壶口，以投中多少决胜负，负者饮酒"。《礼记·投壶》："投壶之礼。主人奉矢。司射奉中。使人执壶。……不足辞也。敢固以请，宾曰：'某固辞不得命，敢不敬从。'"通过描摹的方法对体育项目进行的命名词语还有很多，如远在上古的时候就有"宾射"与"燕射""乡射"等，以"宾射"为例，就是西周时期的天子为了招待远方来客的一种礼射活动。

2. 比喻（拟）法

比拟法就是用现有的语言材料，通过比喻、比拟等手段创造新词的方法[1]。如"龙头""龙眼""猴头""鸡眼""木耳"等。西周礼射"井仪"为古代射礼的五种射法之一。其名称则是来源于"言开弓圆满，似井形也"。《周礼·地官·保氏》"五射"郑玄注引汉郑众曰："五射：白矢、参连、剡注、襄尺、井仪也。"贾公彦疏："井仪者，四矢贯侯，如井之容仪也。侯，箭靶。"又如，"燕濯"为古代一种杂技。《文选·张衡〈西京赋〉》："冲狭燕濯，胸突铦锋。"薛综注："燕濯，以盘水置前，坐其

---

[1]　葛本仪：《现代汉语词汇学》，北京：商务印书馆，2014年，第83页。

后，踊身张手跳前，以足偶节踹水，复却坐，如燕之浴也。"通过比拟的方法形象地揭示出这一杂技的动作核心要素。再如，战国时代的人们已开始有翱翔天空的休闲体育思想，"飞鸢"这一术语便应运而生。《列子·汤问》："夫班输之云梯，墨翟之飞鸢，自谓能之极也。""飞鸢"指的是放风筝，《墨子》卷十三："公输子削竹木以为鹊，成而飞之，三日不下，公输子自以为至巧。"此指人造的飞行器像鹊鹰那样自由翱翔在天空。

有些通过比喻方式构成的古代体育词语，如"蛇拳""猴拳""鸭形拳""醉拳""鸡形拳""白鹤亮翅""望月平衡""鲤鱼打挺""腾空摆莲""铁牛耕地"等，不仅简单易懂而且具有较强的形象感。这种构词的方法之所以在古代较为流行，其根本的原因在于"比喻的造词能把抽象的、不易理解的事物变成具体而通俗的事物，同样可以达到易于理解的效果"。[1]

3. 简缩法

简缩法是一种把词组的形式，通过简缩而改变的造词方法[2]。如"旅行游览"简称为"旅游"，"父亲、母

──────────

[1] 张晓宁：《民族传统体育术语的产生方法及特色》，《淮北师范大学学报》（自然科学版），2018年第1期。

[2] 葛本仪：《现代汉语词汇学》，北京：商务印书馆，2014年，第86页。

亲"简称为"父母"等。中国古代体育词语当中，有些词语是通过该种方法产生的。如"按摩"就是"按摩身体"等，构成了"按摩××"等形式的系列词语，这种模式的简称就是体育名词"按摩"，如《太平圣惠方》卷第四十五："此疾不宜多卧，每食了，须徐徐用力以散谷气。舒畅情性，勿恣睡也。数令按摩身体，勿令邪气稽留于荣卫之中。"又如按摩系列词语"摩耳"就是"按摩耳朵"的简称，"摩腹"就是"按摩腹部"的简称，"松腰"就是"松动腰部"的简称等，这类词语在古代的体育词汇当中频频出现，是语言经济原则的体现。

4. 音义任意结合法

音义任意结合的造词方法就是用某种声音形式任意为某种事物命名的方法[1]。如"蟋蟀""喇叭""北方""蚯蚓""从容"等词语都是通过这种方法产生的。同样，许多中国古代体育词语都是使用这种方法产生出来的，特别是单音节体育词语更是如此，如"拳""舞""踢""戳""打"等。单音节体育词语是形成双音节及多音节体育词语的基础，正是在单音节体育词语的基础上，形成了大量的多音节体育词汇。

---

[1] 葛本仪：《现代汉语词汇学》，北京：商务印书馆，2014年，第76页。

（三）本土体育词语的构词方法

构词法指的是词的内部结构规律的情况。也就是词素组合的方式和方法[1]。古代体育双音节或多音节词语的内部构造大多数是通过如下几种方式进行组合的。

1. 联合式

联合式构词指的是词语内部的语素是同等并列的。又可以分为同义联合、反义联合及相关联合等。

如"田猎"，就属于等义联合式构词。"田"语义为"狩猎"。《易·恒》："田无禽。"王弼注："田，猎也。"《周书·窦炽传》："太祖田于渭北，令炽与晋公护分射走兔。"因此，"田""猎"语义相等。又如"奔跑"。"奔"，急走，跑。《诗·小雅·小弁》："鹿斯之奔，维足伎伎。""跑"，奔；急走。唐代马戴《边将》诗："红缰跑骏马，金镞掣秋鹰。"联合式词语中的语素一般是近义联合，如"推拿"一词，"推"与"拿"语义基本相等，都是按摩的手法，但是"推"与"拿"是有区别的。"舞蹈"一词，其中的"舞"与"蹈"是不同的，语义之间有偏差。"舞"，"跳舞，表演舞蹈。"《论语·八佾》："八佾舞于庭，是可忍也，孰不可忍也！""蹈"则强调"跳；顿

---

[1] 葛本仪：《现代汉语词汇学》，北京：商务印书馆，2014年，第89页。

足踏地。"《诗大序》:"不知手之舞之,足之蹈之也。"陆
德明释文:"蹈,动足履地也。"

2. 偏正式

所谓的偏正式构词指的是词语内部的语素是修饰与
被修饰的关系,语素之间呈现非平等性。如"汉语""红
旗""雪白"等。古代体育词语当中,偏正式构成的词语
较多,占据主要部分。如"乐舞"就是"有音乐伴奏的
舞蹈"。《史记·封禅书》:"于是塞南越,祷祠太一、后
土,始用乐舞。"又如"围棋","围"修饰"棋","棋"
是核心语素。这一词语的语义来源是:早先棋盘上有纵横
各十一、十五、十七道线几种,唐以后为纵横各十九道,
交错成三百六十一个位。双方用黑白棋子对着,互相围
攻,吃掉对方棋子,占据其位,占位多者为胜,故名"围
棋"。再如"百戏",就是古代乐舞杂技的总称,"百"言
其多。"杂技"指的是百戏、杂乐、歌舞戏、傀儡戏等,
同样也是言其多。

3. 动宾式

动宾式指的是前一个词根表示动作行为,后一词根表
示动作行为所支配关涉的事物[1]。如"管家""站岗""失

---

[1] 黄伯荣,廖序东:《现代汉语》,北京:高等教育出版社,1990年,第208页。

业"等。许多中国古代体育词语同样通过动宾式构词方式形成体育词语。如"投壶"就是古代宴会中宾主依次用矢投向盛酒的壶口，以投中多少决胜负，负者饮酒的娱乐活动。又如"蹴球"是一种踢球活动。"蹴"，"踢"。《篇海类编身体类足部》："蹴，蹴鞠。"《史记·燕召公世家》："将渠引燕王绶止之曰：'王必无自往，往无成功。'王蹴之以足。"再如，"角力"，就是徒手相搏的古代体育活动项目。"角"，"比试，竞争"。《广韵·觉韵》："角，竞也。"许多古代体育词语，如"捶丸""击球""击鞠""踢鞠""举鼎"等，都是通过动宾式构成的词语。

三、中国古代体育词语产生的特色

中国传统民族体育术语在创造的过程中有自己的民族特色，充满了浓郁的中华民族情结。具体体现在如下几个方面：

1. 民族性

体育术语的民族性指的是在体育术语创造的过程中，体育术语与中华传统文化紧密绑定。美国著名语言学家萨皮尔认为："语言的背后是有东西的，并且语言不能离开文化而存在。"从历时的角度纵观中国体育的术语，可以洞察这一问题的真谛。由于农业的逐渐发达，与农业相关的体育术语应运而出。以田猎为例,"由于农业生产的逐渐兴盛,渔猎活动降为次要地位,奴隶主一方面从游乐的目的出发,把田猎作为一种娱乐活动,一方面为了巩固其统治地位和适应战争的需要,又把田猎当作一种军事演习的方式和手段"。[1] 于是,与田猎相关的术语,如"射""围猎""游猎""冬狩""春蒐"等便逐渐出现。战争的需要导致大量的武器出现,于是"刀""枪""剑""戟"等不同类型武器术语、名词纷纷走上历史舞台。由于休闲养生的发展,这类战争武器名词术语又成为健身休闲体育的名词。随着奴隶社会统治者对"礼"的重视,把许多日常生活加上礼、乐的色彩……在这些活动中,也出现了一些很具特色的古代体育活动。这类极具特色的体育活动造就了一批如"大射""礼射""宾射""燕射""逐禽左""过君表"之类的特色术语。中国体育史上这类军训与娱乐相结合的民族特色体育术语就是如此产生的。又如"龙舟竞渡"的产生一方面源于中国人对龙的崇敬,另一方面则是对爱国诗人屈原的纪念。

总之,中国传统民族体育术语的产生和发展与中国传统民族文化息息相关,无法割离,充满了浓郁的民族

---

[1] 杨怀源:《甲骨卜辞中的晚商体育文化》,《成都体育学院学报》,2005年第1期。

气息。

2. 系统性

人类的语言中,"词不是孤立地存在的,它们处在相互的联系之中,一批有关联的词,组成一个语义场"。[1] 体育术语的产生与发展同样遵循这一客观的规律。体育术语的系统性主要表现在组合的系统性与聚合的系统性两个方面。

2.1 组合的系统性

体育术语组合的系统性指的是在体育术语产生的过程中,以某一语言要素为基础要素而产生不同的体育术语词汇。这一造词特性始终贯穿体育史的不同阶段。以西周的礼射为例,产生了四个不同的等级:"大射""宾射""燕射""乡射"。这四个术语都是以"射"为核心语素而形成,展示了西周时期"射"的情况。夏商时代,在朝会、庆典、宴会、问卜等不同的场合都要进行跳舞,于是在文舞、武舞的基础上,又产生了"乐舞""哥舞""巫舞"等不同类型的舞蹈。西周时代的学校,又有所谓的"小舞",这些"小舞"可以分为"羽舞""皇舞""人舞""干舞""旌舞"等不同类型的舞蹈[2]。这些不同类型的舞蹈

---

[1] 蒋绍愚:《古汉语词汇纲要》,北京:商务印书馆,2005年,第274页。
[2] 国家体委体育文史工作委员会.《中国古代体育史》,北京:北京体育学院出版社,1990年,第62页。

形式，也都是以"舞"为核心要素构成。"大舞"又可以分为"大卷""大咸""大韶""大夏""大武"等不同的舞蹈。这些不同类型的舞蹈形式，也都是以"大"为核心要素构成，形成了西周时代系统性的舞蹈术语。后来的许多体育术语在创造的过程中也同样遵循这一造词规则。如"鞠"本为古代的一种球。最早是将毛纠结为球形，后则在皮囊内填以毛，宋代以后才出现充气的皮球。原以之练习武事，后始以脚踢为戏。从历时的观点考察"鞠"组成的民族体育术语，充分显示了民族体育术语在创造过程所体现出来的组合的系统性。"鞠"的早期形式为"蹴鞠"，传说始于黄帝，流行于战国。此后，唐代出现了"驴鞠"，五代十国时期又出现了新的运动形式"击鞠"。"鞠"—"蹴鞠"—"驴鞠"—"击鞠"的创造过程展示了组合系统的强大功能。

2.2 聚合的系统性

中国传统体育术语在产生或者发展的过程中，又有明显的聚合性特征。"所谓聚合上的系统性指的是具有相同属性的词语，常常聚合在一起，形成一个词语的族群。"[1]汉语中大量不同类型的体育类词语自古就是这样

---

[1] 张晓宁:《民族传统体育术语的产生方法及特色》,《淮北师范大学学报》(自然科学版), 2018 年第 1 期。

汇聚在一起并呈不断扩展性发展的。武术领域，以枪术为例，与手相关的枪术名词就汇聚有"单手抛枪""单手扎枪""抛接枪""舞花枪"，这些词语构成了有关手部"枪"的术语聚集。与刀相关的名词术语则有"虚步抱刀""上步扎刀""弓步扎刀""弓步砍刀""转身抹刀""提膝藏刀""扣腿扎刀""回身撩刀""转身上步扎刀""上步扎刀"等，形成了"刀"的术语汇聚[1]。

休闲方面的，亦有大量这类现象的术语存在。汉代的百戏就包括：寻橦、履索、叠案、冲狭、燕濯、七盘舞、跳丸、建鼓舞，等等。这类术语构成了汉代的百戏图。民俗节令中的术语，如"踏青""祓禊""竞渡""登高""舞龙""驱傩"等同样构成了民俗术语的汇聚。众多民族体育术语，许多就是遵循这一规律而抱团产生，类似的情况

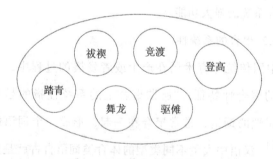

图一　民俗节令术语的聚合

[1] 李杰：《刀术》，北京：人民体育出版社，2001年，第1页。

不胜枚举。

3. 层次性

术语的层次性指的是上一层次的某个术语必然为下一个层次的各个术语所具有，而下一个层次又必然有自己一些特殊的术语。中国体育术语的产生有时就是在某一个术语的基础上而逐层次扩展生成的。以西周时期的礼射为例，礼射为上一级术语单位，其下一级则为：大射、宾射、燕射、乡射，这些术语构成了层次分明的西周礼射图。

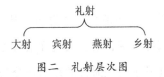

图二　礼射层次图

中华武术术语的汇聚构成同样体现了术语内部结构的层次性。从大类来说，武术为一级术语，武术以下的"刀术""拳术""剑术""棍术""枪术"等为二级术语，"神拳""二郎拳""韦驮拳""大圣拳""八仙拳""天罗拳""地煞拳""六星拳""哪吒拳""金刚拳""观音拳""佛汉拳""罗汉拳""罗汉螳螂拳""夜叉铁砂掌"等则为三级术语。

总而言之，传统体育术语的层次性非常鲜明，体现在民族体育的不同领域之内，成为民族体育术语独特性的一个不可或缺的组成部分。

第二节 中国古代体育语词的发展演变及相关问题

一、古代体育语词发展演变的原因

社会的发展，不同时代体育的进步都会促使新的体育名词的出现，旧的体育名词的退出。因此，从整体上看体育词语总是随着时代的产生而产生，随着时代的发展而发展，随着时代的变迁而消亡。体育名词从长久的情况看，总是在这几种情况下变化的。表现在语言方面，不同时代的语言都会出现异于其他时代的新质成分与悖于时代的旧质成分。因此，从发展的观点看体育语词的演变是与社会发展相一致的，是时代体育的记录器。

二、古代体育语词发展演变的方式

1. 新词的产生

"社会不断地发展，新事物不断地涌现，人们需要认识、指称这些新事物，就要给它命名，以满足交际的需要，于是产生了新词。"[1] 体育新词语同样遵循语言学的

---

[1] 黄伯荣，廖序东：《现代汉语》，北京：高等教育出版社，1990年，第255页。

规律。大致说来，体育新词语的产生是通过这几种方式进行的。除了通过普通的方式产生的新词外，还有几种特殊的方式产生的新词，这些新词语大致通过如下几种方法产生与演变。

（1）完全替换

所谓的完全替换，就是旧有的词语被新生的词语所替代。这类词语较多，如"角力"→"摔跤"。"角力"属于上古时期的体育名词，《礼记·月令》："（孟冬之月）天子乃命将帅讲武，习射御，角力。"至宋元时期，被"摔跤"所替代。元代无名氏《独角牛》第一折："这孩儿不肯做庄农生活，则待要刺枪弄棒，学拳摔跤。"现代摔跤运动尚沿用角力之名。如：古典式角力；自由式角力。又如，"蹴鞠"是上古时期的一种足球运动，用以练武、娱乐、健身。传说始于黄帝，初以练武士，战国时已流行。《史记·扁鹊仓公列传》："处（项处）后蹴踘，要蹙寒，汗出多，即呕血。"《汉书·枚乘传》："游观三辅离宫馆，临山泽，弋猎射驭狗马蹵鞠刻镂，上有所感，辄使赋之。"颜师古注："蹵，足蹵之也。鞠以韦为之，中实以物，蹵蹋为戏乐也。"都有记载。"蹴鞠"近代以来被"足球"所取代。如章炳麟《焦达峰传》："持论刚断，不苟言，竞走蹴鞠皆兼人。"

（2）模式成词

　　所谓的模式成词指的是新生的词语依据某种旧有的词语框架而形成的新词语。许多古代体育词语的创造遵循模式成词的规律。我们以"×舞"词族为例进行说明。上古的体育词语有"武舞""乐舞""巫舞""歌舞"等系列词语。文献有较为完整的记录，如"武舞"始于周代。舞时手执斧盾，内容为歌颂统治者武功，用于郊庙祭祀及朝贺、宴享等大典。《书·大禹谟》"舞干羽于两阶"，唐孔颖达疏："《明堂位》云：朱干玉戚，以舞大武。戚，斧也。是武舞执斧执楯。"后世关于"舞"系列的词语大都以"×舞"为基础进行命名。如西晋时期的"晋世宁舞"是晋代产生的新式舞蹈，《晋书·乐志下》："泰康中，天下为晋世宁舞，务手以接杯柈（盘）反复之。""这是在汉代'柈舞'的基础上发展起来的，象征晋世安宁祝酒之意。"[1]同一时期，还产生了"公莫舞（巾舞）""白纻舞""�舞""明君舞"等，都是在"×舞"词语模基础上产生的。又如，在"角×"词语模中，同样体现了系列构词的原则。"角力"为产生于上古时期的体育名词，明代在此基础上产生了新生名词"角力戏"，明代胡震亨

---

[1] 李季芳等：《中国古代体育史简编》，北京：人民体育出版社，1984年，第127页。

《唐音癸签·乐通三》："角力戏。凡陈诸戏毕，左右两军擂大鼓，引壮士裸袒相搏较力，以分胜负。"明代又有"角技（比赛技艺）"一词，明代张凤翼《红拂记·仗策渡江》："我自有屠龙剑，钓鳌钩，射雕宝弓，又何须弄毛锥角技冰虫。"

（3）扩展成词

扩展成词指的是在原有词语的基础上，通过增加构词语素的方式实现的。通过这种方式形成的词语，有语言外部的原因，同时亦有语言内部的因素。就语言外部的原因而言，新的朝代或新的体育项目的产生必然要求与之相适应的新词语的产生。就语言内部的因素来说，词汇双音化的发展趋势促使原来以单音词形式出现的体育词语走上了双音化的道路。同时，语言表达的细密性与准确性的要求，同样促使体育词语走上双音化或多音化的轨道。如上古体育项目名称"蹴"，本来就是"踢球"的意思，《篇海类编·身体类·足部》："蹴，蹴鞠。"后来直接发展为"蹴鞠"。《后汉书·梁冀传》："性嗜酒，能挽满、弹棊、格五、六博、蹴鞠、意钱之戏。"又如，"射"本为"射箭"，如《易·解》："公用射隼于高墉之上，获之，无不利。"《诗·齐风·猗嗟》："巧趋跄兮，射则藏兮。"后来扩展成为双音词"射箭"。再如，"游"本指"游泳，游水"，《诗·邶风·谷风》："就其浅兮，泳之游之。"后来形成词语"游水"，《管子·轻重甲》："齐民之游水，不避吴越。"唐代李贺《兰香神女庙》诗："走天呵白鹿，游水鞭锦麟。"

2. 旧词的消亡

所谓旧词的消亡指的是有些词语随着社会现象的消失而消失，表现在体育词语方面则是随着某种体育现象的消失而词语随之消失的现象。这类词语较多，很多早已经成为历史词语了。如，历史上有名的"钩强"之戏，即"施（牵）钩之戏"，《隋书·地理志》："楚又有牵钩之戏，云从讲武所出。"早已经亡逸了。又如，"大射"一词为上古时代较为流行的词语，为祭祀择士而举行的射礼。《周礼·天官·司裘》："王大射，则共虎侯、熊侯、豹侯，设其鹄；诸侯则共熊侯、豹侯；卿大夫则共麋侯，皆设其鹄。"郑玄注："大射者，为祭祀射。王将有郊庙之事，以射择诸侯及群臣与邦国所贡之士可以与祭者……而中多者得与于祭。"后来很快也消失了。其他的如"礼射""燕射"等词语，同样随着时代的发展而不断消亡，这是历史选择的结果。

3. 词义的演变

"社会的发展，交际的需要，人们认识的改变，使词义处于变化之中。"[1]体育词语的变化是社会发展的结果。如早期的"射"为"射箭"之义，后来词语意义逐渐呈现扩大的趋势，发展成为包括发射火药等物质在内的一切射击活动。有些古代体育词语的内容都会随着时代的改变而改变，如"五禽戏"最早为华佗所创的一种健身术，模仿"虎、鹿、熊、猨、鸟"五种禽兽的动作和姿态，以进行肢体的活动项目。"华佗五禽戏的具体动作早已失传。后世所传五禽戏当为后世所编。"[2]就是最好的明证。又以足球为例，唐代以前的足球是实心的球，"到了唐代，足球由原来实心的皮球，发展成了气球"。[3]唐代徐坚《初学记》："古用毛，纠结为之，今用皮，以胞为里，嘘气闭而蹴之。"说明了传统足球词语内涵的变化情况。

三、传统体育术语在发展中存在的问题

社会的快速发展，中外交流的加速，促使民族传统体育术语在现代社会呈现出逐渐弱化的状态，具体表现在传统体育载体的消失，致使传统体育术语无法存在；现代运

[1] 黄伯荣，廖序东：《现代汉语》，北京：高等教育出版社，1990年，第257页。
[2] 李季芳等：《中国古代体育史简编》，北京：人民体育出版社，1984年，第85页。
[3] 徐永昌：《文化宝库中的一颗明珠 我国古代体育》，北京：人民体育出版社，1980年，第51页。

动项目的兴起对传统的体育术语有着较大的冲击；外来体育文化对传统民族体育的冲击，致使民族体育术语走向式微等几个方面。

1. 社会的发展对传统民族体育术语的冲击

1.1 体育载体的消失，致使传统体育术语无法存在

体育术语的产生、发展都是依赖于某些体育运动项目，体育项目存在与发展，则体育术语也会随之产生、发展，否则这些术语则会逐渐衰退直至消亡，最终成为历史词语。从体育史上看，许多历史上曾经出现的体育术语有的昙花一现，有的现在已经完全消失。体育术语消亡的原因归根结底还是由于其载体的消亡导致术语失去了存在的基础而造成的。以距今四万年前的许家窑人文化中的"石球"为例，"石球"本是装在飞石索上的一种狩猎工具，由于社会的发展，狩猎技术的迅猛发展，作为狩猎工具的"石球"便很快消失了，使这种体育术语成为历史术语。东晋成帝时的"台城睹跳"这一术语记载了当时跳高比赛的情形，随着东晋的灭亡，这一活动的消失，"台城睹跳"这一术语也很快退出历史的舞台。任何体育术语的背后都有浓厚的历史文化作为依托，社会的发展，文化的消失，术语的消亡则会成为历史的必然。现代社会的快速发展，加速了体育文化载体的发展与变化，从而导致了

术语无法存在的现象时有发生，从当前的情况来看，尤为突出。

1.2 近现代体育运动的兴起，致使传统体育术语失去存在的空间

近代以来，现代化新兴体育运动的蓬勃兴起不断挤压传统体育的存在空间，迫使传统体育运动术语逐渐失去存在的价值或理据。由于新兴体育运动在种类上不断拓展、不断完备，且能够适应不同社会群体在健身、休闲、娱乐等方面日益增长的需要，而得到了现代社会的广泛接受与欢迎。另外，体育商业化的兴起呼唤体育项目走向市场化，由于传统民族体育项目很难适应现代商业化的运作模式，致使民族传统体育走向弱化的现象屡见不鲜。与此同时，我们应当清醒地看到，在现代社会中，政府对待不同类型体育的发展态度也决定了传统体育处于劣势地位。"在体育发展过程中，竞技体育的发展颇受政府的重视，而正是政府的这种偏向作用，才导致了竞技体育在发展上的优势地位，不论是从培养人才，还是给予物资、资金上的支持，政府都明显给予了偏袒，而正是这种发展过程中的不公平现象，导致现代体育中民族体育的弱势，也使得竞技体育的发展在中国取得空前发展的同时，竞技体育也就形成了对民族传统体育的挤压之势，政府对发展民族传

统体育的重视程度不够。"[1]

2. 外来文化对传统民族体育术语的冲击

近代以来，西方体育呈蓬勃发展之势，西方体育文化对世界各国影响巨大，西方体育运动的兴起对中国民族传统体育的冲击同样不可避免。近代以来的许多体育术语直接来自西方（包括日本），甚至"体育"这一术语的本身都源自日本，属于典型的日源词[2]。现代社会，体育全球化的趋势愈加明显，"体操""击剑""马术""滑雪""棒球""垒球""马拉松"等西方体育术语不断涌入中国，在这种趋势下，传统民族体育不断遭受西方体育的侵蚀，致使传统体育项目不断被消减，有的直至消亡。"被社会推崇的西方竞技体育文化受到越来越多民众的认同，而同时民族体育文化正在不断远离其生存的广泛群众基础，面临着生存危机。如今人们更加注重追求时尚、娱乐和休闲，更喜欢选择那些时髦的、有趣的、实用的、轻松的和有刺激性的体育运动项目。诸如中国武术这样的体育运动却远离人们选择的视野，使得武术拥有的人群越来越少，尤其在城市里，许多青少年把兴趣投注于外来的'跆拳道''空手道''瑜伽术''踢踏舞'、'健美操'

---

[1] 高守清：《发展民族传统体育的困惑》，《赤峰学院学报》，2013 年第 5 期。
[2] 张晓宁：《体育的语源与语义演化轨迹》，《体育文化导刊》，2014 年第 7 期。

等。"[1] 由于传统体育项目不断被外来体育冲击而导致的
萎缩，造成了传统体育术语无法得以继续存在的现象屡见
不鲜。

第三节　中国古代体育语词的影响

中国古代体育语词影响较大，有的词语已经深深地扎
根在各地的方言俗语当中，有的以地名的方式得以保留，
有的词语甚至传播到不同的国家与地区。

一、保留在方言中的体育词语

方言是古代汉语的记录器，古代汉语中的词语通过
历史的沉淀在各方面都有保留，体育词语同样如此。这些
不同的体育语词为我们考察古代的体育文化提供了较好的
历史依据，同时也体现出不同时期及不同地域独特的民俗
文化。各地方言中保存有大量的古代体育词语，如吴语中
的"弄潮""踏混木""水傀儡""水百戏""撮弄"等词语，
反映了浙江等地古今民俗体育的情况。广西壮族自治区梧

---

[1]　楚晓亮：《全球化背景下民族传统体育文化安全研究》，《甘肃科技》，2013 年
　　　第 8 期。

州市藤县方言中有个"象棋镇"（地名），清代同治九年建村，反映了历史上该地区的人民喜爱象棋运动的事实。北方地区的"踩高跷""抖空竹"等体育语词记录了传统的体育民俗活动情况。"这种形式的游艺民俗文化是中华民俗传统体育文化的一部分，是人类在其生存与发展过程中为了人类的健康和谐所创造出来的人与自然、人与社会、人与人之间各种关系的有形无形成果的总和。"[1]

二、保留在地名中的体育语词

"我国古代体育活动从古代先人们劳动生产中独立出来，是社会发展的一种文化活动。随着体育文化活动对人们生活的深入影响，这种文化烙印逐渐反映在地名当中。"[2]这些保留在地名中的体育语词来源甚广，有的来自古代的武举体育活动，有的来自古代的体育活动器械名称，有的来自古代的民间体育活动，等等不一。如，位于南京市秦淮区的三元巷是明嘉靖间武举状元尹凤居住地，尹凤武学过人，在乡试、会试、殿试中连获三个第一，这种连中"三元"的武举考试极为罕见，出于对尹凤武学的

---

[1] 王岗，王铁心：《民族传统体育发展文化视野审视》，北京：北京体育大学出版社，2005年，第45—46页。
[2] 刘雪凯：《我国古代体育雕塑写意性研究》，《体育文化导刊》，2012年第12期。

敬重，人们就把尹凤所居之巷，称三元巷[1]。又如苏州虎丘的地名"剑池"，据方志记载，因吴王阖闾一生爱剑，死后以"鱼肠"等三千金剑作为殉葬品，故名剑池[2]。北京地名"钓鱼台"的得名也是与休闲体育活动有着历史的渊源，历史上的钓鱼台是金、元皇帝每年游幸之地，金代章宗皇帝喜在此处垂钓，因而得名"钓鱼台"。位于南京市秦淮区升州路南侧的弓箭坊，原为弓匠、箭匠两坊，后合称。相传孙权建都建业（今南京）时，在此制造弓箭，故名。

三、传播到国外的体育词语

中国古代体育词语随着体育项目的输出逐步传播到海外各地，影响最大的是东亚各国，如日本、朝鲜及南亚的越南、泰国、印度等国家。以日本为例，大约八世纪的时候中国的"蹴鞠"运动就传播到了日本，但是传播到日本以后"蹴鞠"就发生了变异，成为"打球"一词。《日本书记》中有关"中大兄皇子打球"的记载，这里的"打球"就是"蹴鞠"运动的日本名。又如"相扑"一词

---

[1] 《南京地名大全》编委会，《南京地名大全》，南京：南京出版社，2012年，第45页。
[2] 曹莉亚：《苏州地名与吴文化》，《苏州教育学院学报》，2008年第3期。

为我国传统体育项目名词。《太平御览》卷七五五引晋王隐《晋书》："襄城太守责功曹刘子笃曰：'卿郡人不如颍川人相扑。'笃曰：'相扑下技，不足以别两国优劣。'"公元八世纪左右，相扑运动传入日本，日本《日本书记》《古事记》等书都有记载。"相扑"一词至今在日本仍然属于家喻户晓的体育热门词语。又如"赛龙舟""龙舟比赛"等体育名词在东亚诸国及南亚广为流传，龙舟活动成为这些国家热门的体育运动。相对于亚洲而言，中国的体育项目名称传入欧洲的较少，如"风筝"一词在公元七世纪左右传入欧洲，先后传入意大利、英国等，逐渐成为家喻户晓的体育词语。中国传统的体育名词随着体育项目与体育活动的输出，已经把中国的体育文化发扬光大，对世界文明作出了巨大的贡献。

第三章
中国古代体育语词折射的习俗文化

第一节　古代体育习俗文化的产生

　　纷繁众多的体育语词折射出中华灿烂的体育习俗文化，这些体育习俗文化词语的产生与发展的过程实际上就是整个体育文化演变的过程。中国古代体育源远流长，数千年来体育习俗的形成是多方面合力的结果。中国传统体育习俗的形成，归纳起来至少可以认为是从以下诸多方面形成的，即：生产劳动的实践、军事训练与斗争的实践、中华先民传统养生的各类活动、中国传统社会对于宗教的信仰等。

一、体育习俗文化来源于生产生活

　　中国传统的体育习俗文化来源于中国社会不同历史时期生产与生活的积累。早在原始社会时期，古代的先民为了生存，在与自然界斗争的过程中创造出诸多身体锻炼或者防御凶猛动物侵害的形式，这就是最早的体育萌芽。"在当时生产力水平极其低下的条件下，摆脱这种困境的办法不仅要靠组织、团结的力量，而且单个人自身必须有强健的体魄。只有这样才能抵抗野兽的进攻并猎取必要的食物。加上当时除了猎食就是休息，人类并没有太多的事情去做，剩余的精力用于强体健魄的训练嬉戏，如爬山、跳水、速跑、较力等，也就成了自然之事。而这些自觉或者不自觉的身体锻炼，就是体育习俗的萌芽。"[1] 由于生产力的低下，先民们为了生存就要想出办法解决获取食物的方法。《礼记·礼运》："昔者先王，未有宫室，冬则居营窟，夏则居橧巢。未有火化，食草木之实，鸟兽之肉，饮其血，茹其毛，未有麻丝，衣其羽皮。"由此可见，古代先民们生存条件的艰难。为了生存，必须学会追逐并学会捕猎动物。在追逐动物的过程中，先民们学会并发展了奔跑的技能，这也许就是后来"短跑"与"长跑"的最早体育来源。为了获取动物，就必须学会与动物搏斗的技能，如后来的"角力"体育运动，最早应该起源于与野兽的搏斗。在武器质量较为低劣，数量较少的时代，徒

---

[1] 黄伟，卢英：《中国古代体育习俗》，西安：陕西人民出版社，1994年，第4页。

手搏斗成为较为常见的捕捉动物的形式。在长期的捕获过程中获取的搏斗技巧，后来发展成为一种搏击的技术（我国古代体育活动项目之一。通常为徒手相搏。现代摔跤运动尚沿用角力之名。如：古典式角力；自由式角力）。《礼记·月令》："孟冬之月，天子乃命将帅讲武，习射御，角力。"唐玄奘《大唐西域记·劫比罗伐窣堵国》："城南门有窣堵波，是太子与诸释角力掷象之处。"清陈康祺《郎潜纪闻》卷六："习武合欢，有所谓塞宴四事者……一曰布库，相扑为戏也。徒手搏击，分曹角力，伺隙蹈瑕，不专恃匹夫之勇。"这些文献清楚地记录了"角力"在不同时代的发展过程。再以古代社会习见的猎射为例，"猎射"本来是古代先民的打猎活动，其直接的来源即为生存性的捕猎活动，是为生存的需要产生的一种原始自发性的生存行为。《春秋繁露》卷第十三："四面张罔，焚林而猎，咎及毛虫，则走兽不为，白虎妄搏，麒麟远去。"后来，由原始的狩猎行为逐渐成为一种游艺性质的活动。《汉书·贾山传》："令从豪俊之臣，方正之士，直与之日日猎射，击兔伐狐，以伤大业。"唐杜甫《昔游》诗："肉食三十万，猎射起黄埃。"元郑光祖《智勇定齐》第一折："大小头目，便收拾鞍马，打点鹰犬，公子要打围猎射去。"明唐顺之《赠宜兴尹林君序》："其民人工织屡、治丝葛、善猎射，自食其土，不游贾于四方。"上述诸多文献反映了"猎射"成为一种体育游艺民俗的事实。甚至有些统治者对狩猎活动非常迷恋，达到了如痴如醉的地步。《新唐书》记载了唐代皇族齐王元吉痴迷于狩猎的情况。《新唐书》卷七九："刘武周略汾、晋，诏遣右卫将军宇文歆助守。元吉喜鹰狗，出常载罝罔三十车，曰：'我宁三日不食，不可一日不猎。'"

与此同时，我们还应该看到中国传统的体育习俗中还应该包括体育器械。体育器械的产生是与体育技能并肩而行，相向产生的。中国早期社会中先民们为了自我生存的需要，除了使用自己的四肢之外，还要借助于器械。"在迈上原始体育形态的第一步台阶时，劳动工具起着重要作用。当原始生产工具由于加工技术的发展而不断进步的时候，它们也开始被用于人类进行自身的改造活动中去。从人类利用工具作为器械改造自然，进行有意识地自身改造开始，人类原始的体育形态就形成了。"[1] 以"石刀""石镞"为例，"石刀"本为"原始社会人们用以割切的石制刀具"；"镞"为"箭头"。《管子·参患》："射而不能中，与无矢者同实；中而不能入，与无镞者同实。""石镞"本

---

[1] 崔乐泉：《中国古代体育文化源流》，贵阳：贵州民族出版社，2011年，第8页。

为"石制箭头"。无论是"石刀"还是"石镞"，都是原始社会时期古代的先民为获取生活物资，战胜敌人的武器。在此基础上，逐渐发展为后代武术使用的器械，甚至成为后来的兵器。如《北史》卷九四："勿吉国在高句丽北，一曰靺鞨。邑落各自有长，不相总一。其人劲悍，于东夷最强……胜兵并不过三千，而黑水部尤为劲。自拂涅以东，矢皆石镞，即古肃慎氏也。东夷中为强国。"其中的"石镞"就是在原始社会石制剑头基础上发展起来的兵器，后来也成为武术器械之一种。又以体育中常见的"棍"为例，这种体育用具在原始社会时期已经被广泛使用了。由于制作简单，方便实用而成为原始人类在狩猎时使用的简单武器。《商君书·画策》第十八："昔者昊英之世，以伐木杀兽，人民少而木兽多。"由于"棍"有武器的特质，后来逐渐成为一种武器。《武经总要》(前集卷十三)："其法五不当一，然则五兵者，三军所以恃而为勇也，可不谨乎?"《无能子》卷中："五兵者，杀人者也。罗纲者，获鸟兽虫鱼者也。"元明时期棍术逐渐进入民间，成为人大众娱乐的工具之一。程宗猷《少林棍法阐宗》："棍为艺中之魁首。"可见棍棒成为元明时期武艺表演的一种重要工具。

二、体育习俗文化来源于军事

传统的体育习俗文化部分来源于军事活动。当然，这些体育习俗文化有些是在原始的军事活动基础上发展起来的，有些是在后来的军事活动中逐渐发展起来的。无论哪种体育习俗都是经过系列发展而逐渐走上成熟的。以习见性的"射"文化为例，《易·解》："公用射隼于高墉之上，获之，无不利。"《诗·齐风·猗嗟》："巧趋跄兮，射则臧兮。"《易·解》中的射隼与《诗·齐风·猗嗟》中的"射则臧"，都反映了中国早期社会中"射"的根本目的是捕捉猎物。此后，随着箭的质地的改变与制作技术的提高，箭被广泛使用在军事领域。《晋书》卷一一四："坚僭号，拜侍中，寻除中军将军。……旅力雄勇，骑射击刺，百夫之敌也。""射"逐渐从军事领域走进体育民俗文化中，《周礼·地官·大司徒》："三曰六艺：礼，乐，射，御，书，数。"《礼记·射义》："是故古者天子，以射选诸侯、卿、大夫、士。射者，男子之事也。"从《周礼》《礼记》当中，我们可以看出"射"不仅发展为一门技术而且成为一种礼节。随着"射"技艺的发展，"射"的高级形式"骑射"出现了，中国最早的"骑射"应该出现在殷代时期，于省吾先生对此有相关的见解："殷墟发掘既有骑射的遗迹，卜辞里又有马射的例子，那么可以肯定地说，殷代单骑和骑射已经盛行了。"[1]后来的时代，骑射俨然成为衡量个人才华的标准之一。如《桯史》卷第六："恭无以容，又不欲逆其意，革之长子某，好骑射，轻财结客，遂以书荐之往，果喜，留之。"《北齐书》卷二〇："尧雄，字休武，上党长子人也。祖暄，魏司农卿，父荣，员外侍郎。雄少骁果，善骑射，轻财重气，为时辈所重。"后来的"射"成为专门的体育艺术，即"射艺"（射箭的技艺）。《新唐书·泉男生传》："男生纯厚有礼，奏对敏辩，善射艺。"《北齐书》卷一七："羡，字丰乐，少有机警，尤善射艺，高祖见而称之。"《欧阳修集》卷一二九："往时陈尧咨以射艺自高，尝射于家圃，有一卖油里翁释担而看射多中。"从"射"到"骑射"到"射艺"的发展，展示了体育民俗文化的发展来源于早期的军事，通过多途径发展，最终成为一种体育艺术。

又如，"赛马"是体育运动项目的一种，比赛骑马的速度，有时亦指游乐场的跑马。如清姚衡《寒秀草堂笔记·宾退杂识》："入贡方物，当时曾得其贡单，今录于此：一大金合一个……一各样赛马的画。"徐迟《牡丹》

---

[1] 温少辉，袁庭栋：《殷墟卜辞研究——科学技术篇》，成都：四川科学院出版社，1983年，第267页。

五："快活谷的香槟赛马，半岛酒店玫瑰厅的大舞会，魏紫去了几次不肯再去。""赛马"在今天的社会成为广泛流行的游艺活动。其实，后代的"赛马"活动来源于古代军事实践活动。从历史文献可以证明，早在春秋战国时期，马已经成为重要的军事工具。马不仅可以拖运军事物资，而且还可以帮助军队快速进退。如《百战奇法》第二卷："但却军，令得过，而我以铁骑数十万向水，逼而杀之。"《百战奇法》第七卷："凡与敌战，营垒相远，势力相均，可轻骑挑攻之，伏兵以待之，其军可破。"《百战奇法》是古代的一部兵书，书中对于骑兵的重要性有详细的描述。另外，《八家后汉书辑注》也有类似的描述，如："光武征伐，尝乘革车羸马。公孙述破，益州送乐器、旅车、乘舆，（什）[法]物然后备。""因此，无论是民间还是在军队中，人们对骑术训练是很重视的，而赛马就是训练骑术的重要形式。"[1]"赛马"逐渐成为一种重要的体育表演形式。《抱朴子·外篇》卷之二十二："士有控弦命中，空拳入白，倒乘立骑，五兵毕习；而体轻虑浅，手剿心怯，虚试无对，而实用无验。"《抱朴子·外篇》卷之三："夫斲削刻画之薄伎，射御骑乘之易事，犹须惯习，

---

[1] 崔乐泉：《中国古代体育文化源流》，贵阳：贵州民族出版社，2011 年，第92 页。

然后能善。"《抱朴子·外篇》卷之四："或结罝罘于林麓之中，合重围于山泽之表，列丹飙于丰草，骋逸骑于平原，纵卢、昔以噬狡兽，飞轻鹪以骜翔禽，劲弩瘗狂兕，长戟毙熊虎。"《抱朴子·外篇》主要谈论晋代社会上的各种事情，从《抱朴子》当中可以看出，骑射在整个社会已经蔚然成风，晋代社会已经把骑射当作培养人的基本素质之一。后来的社会甚至把骑射的技术作为衡量一个人优劣的标准之一，如《北梦琐言·逸文》卷四："伪蜀王建世子名元膺，聪明博达，骑射绝伦，牙齿常露，多以袖掩口，左右不敢仰视。"《北齐书》卷二〇："尧雄，字休武，上党长子人也。……雄少骁果，善骑射，轻财重气，为时辈所重。永安中，拜宣威将军、给事中、持节慰劳恒燕朔三州大使。"无论是《北梦琐言》还是《北齐书》都把骑射的技术作为衡量人才的标准，反映了骑射在当时社会的重要性。

三、体育习俗文化来源于休闲养生

休闲体育是休闲养生的一种类型，体育习俗很多来源于休闲体育。休闲体育是休闲养生的高级形式。"体育休闲是身体活动的较高阶段。它需要更强的、更持久的身体努力，但是不能将它完全与真正意义上的体育活动混淆。

它相当于介于通过散步的简单放松和传统意义上的体育之间的中间阶段，它具体区别于严格意义上的体育特性：它既不是以通过比赛追求成绩，也不要求有规律的强烈训练，而是通过非正式的、自发的体育活动，追求身体放松和舒服。"[1]中国古代的很多体育习俗文化都来源于休闲养生过程中产生的活动项目。以传统的休闲体育项目围棋为例，古代叫弈，传为尧作。《方言》第五："围棋谓之弈。"早先棋盘上有纵横各十一、十五、十七道线几种，唐以后为纵横各十九道，交错成三百六十一个位。双方用黑白棋子对着，互相围攻，吃掉对方棋子，占据其位，占位多者为胜，故名"围棋"。《论语·阳货》："不有博弈者乎？为之，犹贤乎已。"春秋战国时代即有关于围棋的记载，随着围棋的发明及推广，围棋这种活动逐渐在民间得以普及。《孟子·告子上》："弈秋，通国之善弈者也。"从中可以看出，围棋这种休闲体育项目在春秋战国时期的普及程度已经非常之广了，成为当时的一种民俗体育文化。汉墓殉葬物中曾发现有石制棋盘。在以后的时代，围棋得以不断普及，这一点可以从不同时代的文献中得以验证。如晋代葛洪《抱朴子·百里》："或有围棊樗蒲而废

---

[1]（法）罗歇·苏：《休闲》，姜依群译，北京：商务印书馆，1996年，第73页。

政务者矣。"唐代韩愈《送灵师》诗："围棊斗白黑，生死随机权。"《二十年目睹之怪现状》第四十回："日长无事，我便和继之对了一局围棋。"等等。围棋作为一种养生休闲体育形式，在很早便从中国走向世界，隋唐时传入日本，近已流传至欧美各国，受到世界各国人民的喜爱。

又如，"舞龙"是中国传统的民俗体育项目，是人民表达对生活热爱的一种传统的体育民俗活动项目。"'龙'是中国人的图腾，在中华文化中，龙是吉祥的象征，因此舞龙这一术语名词蕴含着丰富的中国文化内涵。舞龙与中国传统的农业生产有关，古代的中国人认为龙是雨的使者，便以舞龙来祈求农业生产的风和雨，希望龙来保佑风调雨顺，五谷丰登。"[1]《文献通考·郊社考十》："虾蟆池方九尺，深一尺。他如前。冬，舞龙六日，祷于名山以助之。"追逐"舞龙"的历史，可以从宋人的文献查考。《梦粱录》："草缚成龙，用青幕遮草上，密置灯烛万盏，望之蜿蜒如双龙之状。"自此以后，舞龙成为中国传统的民族游艺文化项目[2]。

与地面的舞龙相对应的是水里的龙舟项目，"龙舟"

---

[1] 张晓宁:《民族传统体育术语的产生方法与特色》,《淮北师范大学学报》(自然科学版), 2018 年第 39 期。
[2] 张晓宁:《民族传统体育术语的产生方法与特色》,《淮北师范大学学报》(自然科学版), 2018 年第 1 期。

就是饰龙形的大船。《淮南子·本经训》："龙舟鹢首，浮吹以娱。"高诱注："龙舟，大舟也，刻为龙文。"《后汉书·张衡传》："号冯夷俾清津兮，棹龙舟以济予。"唐代李白《赠僧朝美》诗："百川随龙舟，嘘吸竟安在？"中国南方诸多地域的龙舟竞赛其实就是起源于较早时期的休闲体育活动。"龙舟竞渡"是在战国时代就已有的习俗。战国时期，人们在击鼓声中划刻成龙形的独木舟，做竞渡游戏，以娱神与乐人，此时的龙舟竞渡是祭仪中半宗教性、半娱乐性的节目[1]。后来逐渐发展演变，赋予了龙舟多种文化内涵，但是都离不开娱乐休闲等基本要素。《北齐书》卷一一："孝瑜遂于第作水堂、龙舟，植幡稍于舟上，数集诸弟宴射为乐。"上举《北齐书》中的"龙舟"俨然已经成为娱乐游玩的工具了。《淮南子》描述得更为直接，《淮南子》卷八："龙舟鹢首，浮吹以娱，此遁于水也。"这里的"浮吹以娱"当指的是在龙舟上面的休闲娱乐活动了。后来的龙舟又成为纪念屈原等的象征，如宋代余靖《端午日寄酒庶回都官》诗："龙舟争快楚江滨，吊屈谁知特怆神！"即使是作为纪念的活动，其中仍然含有娱乐与竞赛的休闲成分。

---

［1］ https://baike.baidu.com/item/%E8%B5%9B%E9%BE%99%E8%88%9F/4032?fr=ge_ala.

中国有些传统体育民俗文化是对少数民族休闲体育文化的继承与发展而形成的。如传统体育项目"秋千"。"秋千"是中华传统体育游戏：两绳下拴横板，上悬于木架，人坐或站在板上，两手分握两绳，前后往返摆动。相传春秋时齐桓公自北方山戎传入。《古今艺术图》："秋千，北方山戎之戏。……齐桓公伐山戎花呢，此戏始传中国。"一说本为汉武帝时宫中之戏，作千秋，为祝寿之辞，后倒读为秋千。历代文献都有关于秋千的记载，如南唐冯延巳《鹊踏枝》词："泪眼问花花不语，乱红飞入秋千去。"金代元好问《辛亥寒食》诗："秋千与花影，并在月明中。"清代孙枝蔚《漫兴》诗之四："谁家红袖过红桥，一丈秋千努折腰。"由于秋千活动具有较强的吸引力，唐宋时期在中国已经较为流行。唐代王建《秋千词》："长长丝绳紫复碧，袅袅横枝高百尺。少年儿女重秋千，盘巾结带分两边。身轻裙薄易生力，双手向空如鸟翼。下来立定重系衣，复畏斜风高不得。"这首诗歌中对于唐代少年荡秋千的描述极为细致，不仅描述了秋千的状态，而且描述了少年荡秋千娴熟的动作，说明唐代荡秋千这一活动的流行性。唐以后，"秋千"这一民俗体育文化活动在中原大地生根发芽，逐渐成为汉族聚居区的体育习俗文化。

四、体育习俗文化来源于宗教

体育习俗文化的产生与发展离不开宗教的影响。上古时期的中国体育民俗文化已经与宗教开始了最初的绑定，"原始社会中由于自然现象与人类经济生活紧密联系，神灵观念与求温饱所产生的体育运动现象产生了连接，因而创造出了宗教典仪与崇拜活动中特有的身体动作。"[1]随着宗教的发展，这类绑定越来越多，形成了特有的体育习俗文化。《吕氏春秋》中记载着"葛天氏之乐，三人操牛尾，投足而歌八阕"，就是较早的历史文献明证。傩舞、傩戏等的产生与发展同样显示出宗教对于体育娱乐活动具有较强的推动力。汉代的傩文化盛行全国，形成了特定的傩祭礼仪，《后汉书·礼仪志》有专门的记载。晋代的《抱朴子》有对傩舞技法的专门记录："前举左，右过左，左就右；次举右，左过右，右就左；右过左，左就右。"这些文献记载佐证了宗教影响下的体育民俗文化在中国深度发展的情况。不仅中国，国外同样如此。以印度的佛教为例，佛教影响下的体育习俗文化触目皆是，特别是佛教进入中国以后，其产生的影响是巨大的，如佛教中

---

[1] 闫静：《体育运动与宗教庆典关系变迁的镜像考察》，《成都体育学院学报》，2021 年第 4 期。

的禅坐，佛教中的武术，佛教中的体育养生等，体现了宗教对于体育民俗文化影响至深，"从历史遗迹可以看出当时佛教的体育文化与许多现代体育项目有着直接的关系，例如摔跤演变成现在的柔道等"。[1]

第二节　古代体育民俗文化在不同时期的表现

中国古代体育民俗文化在不同时期表现不同，形态各异，总体来说其发展的趋势是由早期社会的劳动与生活到稍后的军事活动，到唐宋及以后社会交叉发展并成熟于军事、生产生活中的民俗体育。这些不同时代的古代体育文化，通过诸多体育名词得以充分体现。通过对古代传统体育名词的梳理，我们可以清楚地对不同时代的体育民俗文化进行系统性的总结与划分，从而展示出不同时期体育民俗文化的特色。

一、体育民俗的初创时期

中国传统体育民俗的初创时期是在早期的原始社会

---

[1]　信继松：《佛教的体育思想》，《当代体育科技》，2014年第4期。

时期。这一时期体育民俗的最大特点就是与早期人类生存相伴而生。我们可以通过如下名词进行考察与梳理。如：田猎、爬山、跳水、射等。以早期社会的"田猎"为例，"田猎"就是原始社会的打猎。《诗·齐风·还序》："哀公好田猎，从禽兽而无厌，国人化之，遂成风俗。"《左传·襄公三十一年》："譬如田猎，射御贯，则能获禽。"郭沫若《中国古代社会研究》第三篇第一章第一节指出："田猎所获的数目于卜辞中屡有登载。"通过对相关田猎文献的分析可以发现，中国古代早期社会的田猎活动其直接的目的就是生存。因此这一时期体育文化的基本特征是"混沌性和自发性"[1]换而言之，这一时期的体育文化民俗是无目的性的，无方向性的。再以这个时期的"射"为例，早期的射猎活动同样是为了生存活动，在最原始生存活动基础上逐渐发展成为后来的射艺活动。从这里可以清楚地看出，中华体育民俗文化中的高级活动形式其直接的来源大都来自原始的为生存需要而产生的早期人类活动。科学地讲，早期人类社会是没有体育民俗活动的，或者说还没有上升到体育民俗文化的高度。但是，我们必须承认，随着社会的发展，原始社会后期至奴隶社会前期的部

---

[1] 崔乐泉：《中国古代体育文化源流》，贵阳：贵州民族出版社，2011年，第22页。

分体育活动已经逐渐上升到体育文化的高度了。从出土文献来看，已经非常明显。不仅如此，其种类也开始变得较为繁多了。如"石矛"在考古发现中是最早用于投掷的工具。"石矛"出现和长期使用，丰富了人们的生活手段，而更主要的是扩展了这一时期人们使用工具的范围和人们身体活动的方式。[1]随着工具制作技术的成熟，越来越多种类的器械开始出现，如石球（飞石索）、鱼镖、矛与标枪等开始广泛使用，这些器械有些为后世投掷类体育文化习俗打下了坚实的基础。弓箭、弹弓类器械的使用同样为后世远射类比赛的体育习俗做了良好的铺垫。斧头、棍棒、刀具类的使用为后来的格斗、搏击打下了坚实的基础。以上可以看出，上古体育民俗的出现仅仅是体育民俗的萌芽时期，不成系统性，但是却为后世的体育民俗发展打下了一定的基础。

二、体育民俗的形成时期

中国古代体育民俗形成的标志为民俗体育文化项目大规模形成并得以固定；民俗体育文化深入社会不同阶层，形成全社会喜爱并热衷参与的体育文化项目。

---

[1] 崔乐泉：《中国古代体育文化源流》，贵阳：贵州民族出版社，2011年，第10页。

1. 民俗体育文化项目大规模形成

中国古代社会体育民俗从原始社会后期体育民俗文化开始产生，到形成规模，经历了较长的时期。随着生产力的发展，人民生活质量的提高，先民们开始寻求与社会生产生活相适应的文化方式，在这种背景下，体育民俗文化项目开始出现规模化的产生。我们可以通过相关体育名词进行考察。如《宋史·儒林传七·真德秀》："仪狄之酒，南威之色，盘游弋射之娱，禽兽狗马之玩，有一于兹，皆足害敬。"其中的"弋射"的意义是"泛指射猎禽兽"。"弋射"从原始社会时期的一种狩猎手段发展到后来成为统治阶级消遣的娱乐性体育民俗活动，可以看出其中发展轨迹。同时，我们还应该看到，民俗体育文化项目的规模化形成是以系统性方式进行的。上古社会与"弋射"并列的词语还有"骑射""步射"等，反映了古代社会"射"的种类及当时社会对这些"射"的认可度等。"骑射"缘起于古代军事训练中的项目，《史记·廉颇蔺相如传》："日击数牛飨士，习骑射，谨烽火，多间谍，厚遇战士。"《五代史平话·唐史·卷上》："善能骑射，屡立大功。"与"骑射"相同，"步射"也是从军事活动项目走向体育民俗项目。总之，"无论是步射还是骑射，作为一类射箭的武艺形式，其在这一时期的普及加快了武艺向多样化、复杂化发展的进程”。[1]

与此同时，随着社会的发展，专门性的新兴的民俗体育文化项目也开始大量出现，从这一时期诸多民俗文化词语当中可以显现出来。如《史记·扁鹊仓公列传》：“处（项处）后蹴踘，要蹷寒，汗出多，即呕血。”《汉书·枚乘传》：“游观三辅离宫馆，临山泽，弋猎射驭狗马蹵鞠刻镂，上有所感，辄使赋之。”其中的“蹴鞠”一词，反映了上古社会人民对体育娱乐活动项目的专门性设计。这种专门性的项目设计来源于民间对娱乐的需求，所以很快便得到普及。《史记·苏秦传》：“苏秦说齐宣王临菑甚富而实，其民无不吹笙鼓瑟，弹琴击筑，斗鸡走狗，六博蹋鞠者。”从上述文献可以看出当时齐国首都临菑人民对于蹴鞠（踢足球）活动的热爱，及这种活动的普及度。又，《西京杂记》：“太上皇徙长安，居深宫，凄怅不乐。高祖窃因左右问，正以生平所好，皆屠贩少年，斗鸡蹴鞠以为欣，今皆无此，故不乐也。”从《西京杂记》中可以看出，汉高祖刘邦的父亲在今天的徐州丰县、沛县地区（古代的楚国）乐于斗鸡蹴鞠，反映了这一地区蹴鞠、斗鸡等活动已经大大普及，深受广大民众的欢迎。由此可知，远

[1] 崔乐泉：《中国古代体育文化源流》，贵阳：贵州民族出版社，2011年，第64页。

在战国时期的齐、楚之地，蹴鞠已经流行并且深入民间，我们正可以通过这些文献的记录，寻找这类体育活动项目的词语进行探究古代新兴的民俗体育及其发展的源流。这类新兴的体育活动即使在偏远的乡村也会通过种种途径而得到广泛的传播，如传统的祭祀或者是节日礼仪文化活动等。有些这类活动则直接来源于当时的社会底层百姓，换言之，底层百姓直接推动了这类民俗的产生与发展。比较典型的就是游泳、没水、角力等。《管子轻重篇新诠》："齐民之游水不避吴越。桓公终北举事于孤竹、离枝，越人果至，隐曲蔷以水齐。管子有扶身之士五万人，以待战于曲蔷，大败越人。此之谓水豫。"从《管子》文献中可以看出，当时的齐国及越国人普遍具有较好的游泳本领，游泳很自然成为当时民间较为流行的体育民俗文化。

体育民俗的形成时期还有个重要推动因素，那就是早期学校教学的普及性教育。《大戴礼记》："及太子少长，知妃色，则入于小学，小者所学之宫也。"上古时期的学校教育其中教学的重要内容便是"礼、乐、射、御、书、舞"等，其中的"射"便是习射，"御"是驾驭车马。这些在学校学习的体育或者与体育相关的基本内容，大大地推动了社会体育运动的形成与发展。以"舞"为例，《论语·八佾》："八佾舞於庭，是可忍也，孰不可忍也！"这里的"舞"就是跳舞、表演舞蹈。当时的舞蹈类型名词有以下几种:"羽舞""皇舞""旄舞""干舞""人舞""大舞"等,通过这些不同类型舞蹈名词的解读,我们可以很清楚地了解到上古时期学校教育对这些体育文化活动项目的积极推动作用。

2. 群众的广泛参与

体育民俗活动的形成是群众广泛参与的结果,群众的广泛参与是自发与自觉性的。自发与自觉是人民对于身心健康自我关心的产物,最典型的范例就是休闲体育文化及养生体育民俗的产生。我们可以通过诸多这类名词进行考察。如"剑术""剑道""剑士"等词语反映了一大批民众对剑术的热爱。以剑道为例,《庄子·说剑篇》曰:"昔赵文王喜剑,剑士侠门而客三千余人,日夜相击于前,死伤者岁百余人,好之不厌,如是三年国衰,诸侯谋之。"从这则文献中可以看出,当时舞剑已经成为一种风气,剑术爱好者大量涌现,"剑道的发展,促使一些以击剑为谋生的剑士大量出现"。[1]一时间剑成为一种配饰,习剑成为一种风尚,如《史记》卷一二九:"游闲公子饰冠剑,连车骑,亦为富贵容也。弋射渔猎,犯晨夜,冒霜雪,驰

---

[1] 崔乐泉:《中国古代体育文化源流》,贵阳:贵州民族出版社,2011年,第67页。

坑谷，不避猛兽之害，为得味也。博戏驰逐，斗鸡走狗，作色相矜，必争胜者，重失负也。"因此可见，"剑"成为一种身份的象征。"太极""围棋""六博""投壶"等名词则反映了养生体育民俗的大规模兴起，这种兴起的原因归结于这个社会对于养生体育文化的重视，从而形成一种养生的风气。不仅如此，在大量养生实践的基础上还形成了早期的养生理论，如《皇帝内经》中的养生思想是中国早期体育养生思想的结晶，其中的"春夏养阳，秋冬养阴"的朴素思想是中国早期体育养生文化的结晶。《庄子》一书中的"遵生""养身""坐忘""心斋"词语反映了春秋战国时期的体育养生文化，比起《皇帝内经》时代又有了新的进步，主要体现在基本塑造了中国早期重视养生、养心、身心合一的休闲养生文化，同时为后代的体育养生做了较好的铺垫。

有些体育项目之所以吸引人，是因为该类项目有利于身心健康，群众可以切实感受到其中的益处。如汉代的"五禽戏"本是一种健身之术，相传为汉末名医华佗首创的一种健身术。模仿五种禽兽的动作和姿态，以进行肢体活动。《后汉书·方术传下·华佗》："佗语普曰：'人体欲得劳动，但不当使极耳……吾有一术，名五禽之戏，一曰虎，二曰鹿，三曰熊，四曰猨，五曰鸟。亦以除

疾，兼利蹄足，以当导引。体有不快，起作一禽之戏，怡
而汗出。因以着粉，身体轻便而欲食。'"由于"练习五
禽戏，可以消除疾病，增强体质，连走起路来也会感到腿
脚利落"，[1] 所以当时及后来的民众非常喜爱这种体育活
动的项目。唐代的柳宗元在《从崔中丞过卢少尹郊居》诗
中进行了写实性的描述："闻道偏为五禽戏，出门鸥鸟更
相亲。"清代赵翼的《漫兴》诗："观书眼渐讹三豕，导
气身将学五禽。"从这些诗歌中可以看出，从唐代至清
代一千年多的社会当中，人们对于五禽戏的喜爱及热衷
之情。

　　古代体育民俗文化被群众接受的过程实际上就是民
俗活动普及的过程。实际上，诸多的民俗体育文化活动项
目因为在长期的竞争中处于不利形势，逐渐不被群众接
受，因此逐渐遭到淘汰。一个时代有一个时代的文化、社
会环境等，这些因素的变化直接影响到群众对于体育民俗
文化的接受。以"投壶"为例，宾主依次用矢投向盛酒的
壶口，以投中多少决胜负，负者饮酒。这一文化活动本为
古代宴会礼制，也是当时娱乐活动的一种。文献中有较多
的记载，如《左传·昭公十二年》："晋侯以齐侯宴，中

---

[1] 徐永昌：《文化宝库中的一颗明珠——我国古代体育》，北京：人民体育出版
　　社，1980 年，第 75 页。

行穆子相。投壶，晋侯先，穆子曰：'有酒如淮，有肉如坻。宴君中此，为诸侯师。'中之。"《后汉书·祭遵传》："遵为将军，取士皆用儒术，对酒设乐，必雅歌投壶。"唐代韩愈《郑公神道碑文》："公与宾客朋游，饮酒必极醉，投壶博弈，穷日夜，若乐而不厌者。""投壶"主要盛行于春秋战国至汉代时期，其流行的原因在于具有古朴的风尚，适用当时的时代，关于这一点，明代谢肇淛在《五杂俎·人部二》中进行了较好的解释："投壶视诸戏最为古雅。"另外，根据杨向东的研究，"那时，成年男子不会射箭被看成是一种耻辱，主人请客人射箭，客人是不能推辞的。有的客人确实不会射箭，于是就用箭投酒壶来替代。久而久之，投壶就代替了射箭成为一种礼仪了"[1]。由于得到社会的广泛认可，汉魏时期投壶文化得到很大的发展，从儒士逐渐扩展到普通百姓之中。投壶在魏晋南北朝时期开始向技艺多样化的方向发展，娱乐性增强了[2]。宋代以后，随着新兴休闲体育项目的兴起，投壶文化逐渐走向式微。至清代，在西方新兴体育的冲击下，投壶退出了历史舞台。"投壶"这一名词从此很难在群众中出现了。

---

[1] 杨向东：《中国古代体育文化史》，天津：天津人民出版社，2000年，第29页。
[2] 杨向东：《中国古代体育文化史》，天津：天津人民出版社，2000年，第34页。

纵观以上，我们可以清楚地看出，体育名词的出现总是伴随体育活动的产生而出现，体育名称的形成与广泛发展是建立在体育文化被整个社会接受的基础之上的。体育名称的退出不仅是体育文化竞争的结果，同时也是整个社会文化接受与否的结果。

三、体育民俗的发展时期

体育民俗的发展时期主要表现为体育民俗项目在原有项目的基础上继续增加新的民俗体育文化项目，有些民俗项目在原有项目基础上逐渐发展，有的通过变通性发展逐渐走向繁荣，有的则被逐步淘汰。我们考察这些民俗文化项目总是通过诸多的名词术语的衍生及发展而进行的。

1. 新生体育民俗文化项目不断产生

社会体育文化的发展不断推进民俗文化项目的增加，反之，民俗文化的进步则催生新的民俗文化项目的产生。"角力""拓关""扛鼎""剑道""蹴鞠""弹琴""斗鸡""走狗""六博"等新兴体育名词的产生是随着社会的发展而产生的，从某种方面来说属于新质体育民俗文化。这种新兴的体育项目进入民间，逐渐形成了广为接受的体育民俗文化。《史记·苏秦列传》："甚富而实，其民无不吹竽、鼓琴、击筑、斗鸡、走狗、六博、蹴鞠者。"《史记》

记载的这些体育文化项目，不仅反映了当时齐国都城临淄的繁荣，同时也反映了临淄居民开展各类文化体育娱乐活动的实际情况。又据《史记·滑稽列传》："若朋友交游，……饮可五六斗径醉矣。若乃州闾之会，男女杂坐，行酒稽留，六博投壶，相引为曹，握手无罚，目眙不禁。"由此可见，追求新的体育文化成为上古时期人民提高生活质量的一种重要手段和方式。

值得注意的是，历史上的许多新生民间体育项目属于军事活动转变而来的，这类新生体育民俗文化项目在开始的时候带有较为浓厚的军事色彩，后来这类军事色彩逐渐消退。关于这一点，可以从诸多的体育名词中看出来，如与"剑"相关的"剑术""剑花""剑歌""剑骑"等，诞生之初都是与军事活动密切相关的，后来逐渐淡化了军事色彩而走向民间。如"剑器"就是较为典型的例子。"剑器"，古武舞曲名。唐杜甫《观公孙大娘弟子舞剑器行》："昔有佳人公孙氏，一舞《剑器》动四方。"唐沈亚之《叙草书送山人王传乂》序："昔张旭善草书，出见公孙大娘舞《剑器》、《浑脱》，鼓吹既作，言能使孤蓬自振，惊砂坐飞；而旭归为之书，则非常矣。"《敦煌曲子词·剑器词三》："《剑器》呈多少，《浑脱》向前来。"从军事的器械成为一种文化，充分说明了其间的转化过程。

诚如黄伟先生所言："一些民间体育活动如剑道、射艺、角力等都是从军事体育活动转变演化而来的……可以说军事体育的繁荣直接推动了民间体育的活跃。"[1] 因此，从某种意义上说，军事的繁荣直接推进了新兴体育文化项目的发展。

需要特别注意的是，由于民族的融合，中外交流的频繁发生，许多新生体育民俗文化项目源自少数民族或是域外的国家，体现了中华民族善于借鉴及吸收不同文明的伟大学习精神。首先，历史不同时期吸收国内少数民族的新兴项目为数较多，如盛行于魏晋南北朝时期的骑射民俗之风，其直接的来源就是少数民族的"骑"文化与汉族的"射"文化结合的产物。诚如黄伟，卢鹰两位先生所言："在北方地区，各少数民族'以骑射为业'的风俗习惯与中原汉族重弓马之术的传统习尚相互渗透融合，使骑射之术盛行于社会的各个阶层。在南方地区，统治者为了苟安图存或恢复中原，也往往以弓马娴熟为条件征兵选将，骑射之术在军队和民间亦有一定程度的发展。"[2] 汉族与少数民族的频繁交流促使了这些活动的发展。《北齐书》："五年，梁史来聘，云有武艺，求访北人，欲与相角。"

[1] 黄伟，卢鹰：《中国古代体育习俗》，西安：陕西人民出版社，1994年，第35页。
[2] 黄伟，卢鹰：《中国古代体育习俗》，西安：陕西人民出版社，1994年，第85页。

这些史实反映了历史上民族体育文化交流的情况，揭示了民族融合背景下体育民俗文化的产生及推广。历史上，有些新生体育民俗文化项目的产生及推广常常是在某些因素的推动下融入到民众当中，如统治者的意志就具有很大的决定作用。《战国策·赵策二》："今吾将胡服骑射，以教百姓，而世议寡人矣。"这则文献揭示了战国时期赵武灵王为了国家的强大，推行"胡服"、教练"骑射"的故事，表现出赵武灵王注重实用、勇于改革的形象，同时也真实地反映了骑射民俗的推广及发展背景。其次，有些新生的体育民俗文化项目则是受到异域文化的影响而产生。这类新质民俗文化项目的产生是文化交流与相互吸收的产物，这类项目进入中国后，有些基本没有改变，有些则被汉化了。例如，佛教的传入使得"坐禅"成为一种新生的体育锻炼方式在中国流行一时。"天台宗的'止观坐禅'除病法，就是一种联系气功的体育锻炼方法。……尽管其目的在于成佛，但就功法本身而言，确是珍贵的气功锻炼方式，对当时及后世的体育发展不无影响。"[1] 随着佛教在中国的进一步发展，民间对佛教文化的接受，使得"坐禅"锻炼的方法得到进一步的推广与普及，"禅"与"坐

---

[1] 黄伟，卢鹰：《中国古代体育习俗》，西安：陕西人民出版社，1994年，第157页。

禅"作为专有体育文化名词而被广泛使用。"佛门中盛行的武术、气功确是多方面的体育锻炼方式，也可以说是集众多体育项目于一身的体育活动……特别是它既可以锻炼身体，又可以击败敌人保护自己，深受各阶层人们的喜爱与重视，故在社会上也长盛不衰。"[1]总之，异域文化的影响也是产生中国民俗体育文化的重要推动因素之一。纵观中国几千年的体育民俗文明史，有许多新的体育民俗文化项目都离不开民族之间的交流，国际之间的交流，这些文化交流的结果最终形成了独具特色的中国体育民俗文化，这类民俗文化项目往往带有较为明显的原民族文化的烙印。

2. 原有体育民俗文化项目持续发展

体育民俗文化是在发展中产生，在发展中进步，在发展中不断产生新的项目并逐步走向成熟，这是体育发展史上的规律。原有体育民俗文化项目的持续发展不仅在体育项目类别上不断扩充，而且表现在原有体育项目逐渐走向成熟，最终形成一种体育民俗文化，其成熟的突出表现则是某种体育民俗文化的形成与普及，从体育名词的角度看，就是这种体育名称在整个社会的普及度较高。从体育

---

[1] 黄伟，卢鹰：《中国古代体育习俗》，西安：陕西人民出版社，1994年，第158页。

历史的角度进行考察，基本每种体育文化项目的发展都遵循这种规律，只不过有些文化项目在发展中壮大，有些则逐渐被社会所淘汰而已。有些文化项目的发展其实就是文化更加细致分化的结果。以唐代风靡一时的"步打球"文化为例，其产生与发展就是建立在"马球"的基础上而发展形成的新型体育民俗文化运动形式。"马球"本为骑马击球的运动，与击鞠相似，比赛分二队，每队四人，前锋后卫各二，球场长方形，运动员骑马，用藤柄带木拐的曲棒把球击入对方球门为胜。由于骑马击球具有较高的风险性，因此不适于女性。由于这种运动在唐代较为流行，具有较强的吸引力，因此为了适应女性的运动需求，对这种运动进行了改造，于是一种新型的运动形式"步打球"运动便出现了。由于是在行走中击球，这种击球方式非常安全。因此，这种运动在唐代的女性当中风靡一时，《宫词一百首》："殿前铺设两边楼，寒食宫人步打球。一半走来争跪拜，上棚先谢得头筹。"《辽金元宫词·第一部分》："苑内萧墙景最幽，一方池阁正新秋。内臣净扫场中地，官里时来步打球。"《元宫词百章笺注》："苑内萧墙景最幽，一方池阁正新秋。内臣净扫场中地，官里时来步打球。"诸多文献说明了唐代及唐以后的朝代，女性对于"步打球"运动的痴迷，形成了一种非常特殊且具有时代性的"步打球"文化。这一文化不仅受到当时广大女性的喜爱而且受到数量众多的男性的喜爱与追捧。唐代鱼玄机《打球作》:"坚圆净滑一星流,月杖争敲未拟休。无滞碍时从拨弄,有遮栏处任钩留。不辞宛转长随手,却恐相将不到头。毕竟入门应始了,愿君争取最前筹。"就是男性参与此项活动的最好证明。如前所述,体育之所以发展成为民俗文化,有个充分的条件,那就是必须在全社会得到普及。唐代的"步打球"成为民俗文化同样如此。唐代,由于"步打球"的流行,伴生了与之对应的音乐——"打球乐"的产生。所谓的"打球乐"顾名思义就是一种以打球命名的曲牌,是唐太宗贞观年间大臣魏征奉命所制[1]。"步打球"与"步打乐"在唐代的流行且相互促进发展的史实,说明了流行体育项目成为流行体育民俗文化的过程中,体育文化的普及起到了非常重要的作用。

由于球类运动的普及与发展,隋唐时期的中国社会盛行各种球类文化,使得这一时期的球类品类辈出,我们可以从诸多的球类名词中清楚地看出这一现象,如"抛球""彩球""绣球""花球"等,又如,来自少数民族的

---

[1] 崔乐泉:《中国古代体育文化源流》,贵阳:贵州民族出版社,2011年,第197页。

"胡旋球"等。"抛球"的流行不仅说明了当时社会各界对于这一项目的喜爱，同时从文献中更可以清楚地看出当时社会这种活动在女性之中的广泛流行。如唐代刘禹锡《抛球乐二首》："上客如先起，应须赠一船。春早见花枝，朝朝恨发迟。乃看花落后，却忆未开时。幸有抛球乐，一杯君莫辞。"唐代皇甫松《抛球乐》："金蹙花球小，真珠绣带垂。几回冲蜡烛，千度入香怀。上客终须醉，觥盂且乱排。"都说明了唐时这类抛球文化的流行。宋代柳永的《集贤宾·林钟商》："艳杏暖、妆脸匀开，弱柳困、宫腰低亚。是处丽质盈盈。巧笑嬉嬉，手簇秋千架。戏采球罗绶，金鸡芥羽，少年驰骋，芳郊绿野。"则反映了这类文化已经从唐代传到宋代，且扎根结果了。

体育民俗文化项目的持续发展可以从民俗文化词语的发展中体现出来，这类体育民俗文化名称呈现出以某一民俗文化词语为核心，在此基础上逐渐产生其他相关体育民俗文化词语。上述"球"类名称的发展就是较好的明证。再如，"棋"类词语的产生同样如此。先有"棋"的名称，然后有与"棋"相关的"围棋""象棋""弈棋""棋手""军旗""棋力"等名词的产生。《左传·襄公二十五年》："今宁子视君不如弈棋，其何以免乎?"汉刘向《说苑・善说》："燕则斗象棋而舞郑女。"晋左思《魏都赋》："成都迄已倾覆，建邺则亦颠沛，顾非累卵于叠棋，焉至观形而怀怛。"唐吴融《寄僧》诗："锡倚山根重藓破，棋敲石面碎云生。"以上文献中关于棋类的名词较多，基本覆盖了与"棋"相关的几个概念，这类概念的推进是与这类活动的不断推进息息相关。隋唐时期，围棋活动作为一种文化在当时的社会相当普及，《韩愈全集》(文集卷六)："公与宾客朋游饮酒，必极醉，投壶博弈，穷日夜，若乐而不厌者。"《旧唐书》卷五七："高祖留守太原，与寂有旧，时加亲礼，每延之宴语，间以博弈，至于通宵连日，情忘厌倦。"这些文献说明，隋唐时期的中国围棋作为一种休闲活动已经深入到社会的不同阶层，并被广泛接受，其传播度非常之高，形成了老幼皆宜、尊卑皆宜的民俗体育文化。从围棋类民俗体育项目的发展，我们可以清楚地看到，一旦形成一种民俗与风尚，就会逐渐以某一地域为中心不断向其他地方迅速发展，这就形成了全国性的体育民俗活动项目，有时候甚至传播到其他国家。如围棋在唐代中原地域的普及直接影响到边远地区的这一活动，新疆阿斯塔那唐墓出土的《仕女围棋图》绢画，充分证明了唐代边疆地域妇女对围棋活动的喜爱，说明了围棋这一活动已经深入人心，可以看出隋唐时期的围棋有着深厚的群众基础[1]。唐代的朝廷甚至设置"棋待诏"这一官职，这一专有名词同样也充分证明了"棋"类活动在唐代受到重视的程度。与此同时，其他棋类的分支在整个唐代社会不断开花结果，如"象棋""双陆""弹棋"等棋类活动广受当时群众的欢迎，呈现出勃勃生机。如《初学记》卷二十："马合作弹棋以献，帝大说，赐青羔裘、紫丝履，服以朝觐。"《故唐律疏议》卷第十："杂戏，徒一年。乐，谓金石、丝竹、笙歌、鼓舞之类。杂戏，谓樗蒲、双陆、弹棋、象博之属。"就是较好的明证。

四、体育民俗的成熟时期

中国体育民俗的成熟主要表现为体育民俗项目的品类较为丰富，体育民俗文化项目基本稳定，参与人数逐渐增多等几个方面。

1. 体育民俗文化项目品类丰富

从体育民俗文化发展史的角度来看，唐宋时期的体育民俗品类非常丰富，后世的体育文化项目在这一时期基本都可以找到它们的原型，这些民俗文化项目在整个的唐宋社会非常盛行，为民俗项目的传承与发展打下了坚

---

[1] 崔乐泉：《中国古代体育文化源流》，贵阳：贵州民族出版社，2011年，第202页。

实的基础，形成了蔚为奇观的唐宋体育习俗。唐宋时期的体育民俗项目从类别看，有源自军事的体育活动项目，如射击类、武术类；有源自休闲类的项目，如各种棋类、秋千等；有源自宫廷的体育项目，如散乐百戏等，散乐百戏包括戴竹、走绳、斛斗、旋盘、顶碗、角抵以及山车旱船等，是宫廷中皇帝及达官贵人观赏的主要娱乐项目[1]；有源自民间的体育民俗项目如拔河、竞渡等。由于体育民俗活动的开展与普及，这一时期广大妇女积极参加体育活动，形成了鲜明的民俗体育特色。由于佛教的输入与传播，同时也由于道教的发展，许多与宗教有关的体育民俗项目也发展起来了，如"西蕃相扑""坐禅""调心""导引""行气""按摩""斋戒""存想"等相关体育名词随着佛教及道教的普及纷纷走入大众百姓之中，为广大的群众所熟悉。唐宋时期体育民俗文化的繁荣离不开对外文化交流的发展，诸多体育民俗项目随着对外交流的深入不断进入中国。比如，唐代最为盛行的马球活动，就是唐太宗在街上见"群藩街里打球"后，"比亦令习"而广泛开展起来的……唐代女子蹴鞠之所以开展普遍，是受突厥"男子好樗蒲，女子好蹴鞠"之风影响所致。[2]

---

[1] 黄伟，卢鹰：《中国古代体育习俗》，西安：陕西人民出版社，1994年，第141页。
[2] 黄伟，卢鹰：《中国古代体育习俗》，西安：陕西人民出版社，1994年，第169页。

2. 体育民俗文化项目基本稳定

中国体育民俗文化至唐宋时期已经非常成熟，这一时期的体育民俗文化项目已经非常稳定了，主要的表现为：体育民俗文化项目品类丰富，后世的体育民俗项目在这一时期基本已经具备。另一方面，体育民俗文化项目在这一时期稳定的基本表现为民俗文化的普及以及各类民俗文化项目不再产生新的分支或者不再继续发展。这一时期的民俗文化项目涵盖的类别有民间体育习俗、妇女体育活动、军队中的常戏以及与外来文化相关联的佛教、外藩体育民俗文化等都呈现出较为稳定的状态。以棋类为例，这一时期的棋类项目与后世的棋类项目基本差异不大，形成了较好的棋类文化。唐代的棋类品类大致有"围棋""象棋""樗蒲""双陆""弹棋"等，至明清时期，中国的棋类项目大致有"围棋""象棋""双陆棋"等类型，只不过明清时期的棋类略微有些变化而已，例如明代的围棋有了地域性的分类，到明代的隆庆、万历年间，出现了"永嘉派""新安派""京师派"三大流派鼎足而立、相互竞争的局面[1]。又如，唐代的象棋在社会上已经非常流行，发展至明清时期，象棋已经成为老少皆宜的休闲娱乐项目，其

---

[1] 黄伟，卢鹰：《中国古代体育习俗》，西安：陕西人民出版社，1994年，第345页。

发展变化的情况不大，规则也较为稳定。清代的象棋，其变化只是体现在范围的扩展方面，因为象棋在整个社会的广为接受，清代出现了富有民族特色的满族象棋这一品类。棋类的稳定说明棋类已经发展得非常成熟，这也充分说明这一民俗文化在社会生根发芽了。象棋作为一种休闲项目甚至被清代的女性广为接受，如《儿女英雄传》第三十三回："舅太太绷着脸儿说道：'这么说起来，我们这俩外外姐姐要和人下象棋去，算赢定了！'"《红楼梦影》第十八回："莺儿说：'进来好半天了，和他下了两盘象棋。他输了，还要下。二爷教接奶奶来了。'"这些文献中的女性都爱象棋活动，都是棋类深度融入社会较好的历史明证。我们衡量体育民俗文化项目稳定性非常重要的标准就是项目融入社会的深度。之所以说唐宋时期中国体育民俗文化项目基本稳定，主要还是从这一角度进行的考察。例如，唐代的不同阶层对于有些民俗项目基本都是接受的，以文人阶层为例，唐代的文人对于体育的热爱超越了前代。唐代盛行的马球活动在文人中间甚为流行，许多唐代文人留下了关于马球的诗。如：

张建封酬韩校书愈打球歌

仆本修文持笔者，今来帅领红旌下。不能无

事习蛇矛，闲就平场学使马。

军中伎痒骁智材，竞驰骏逸随我来。护军对引相向去，风呼月旋朋先开。

俯身仰击复傍击，难于古人左右射。齐观百步透短门，谁羡养由遥破的。

儒生疑我新发狂，武夫爱我生雄光。杖移鬃底拂尾后，星从月下流中场。

人不约，心自一。马不鞭，蹄自疾。凡情莫辨捷中能，拙目翻惊巧时失。

韩生讶我为斯艺，劝我徐驱作安计。不知戎事竟何成，且愧吾人一言惠。

从这首诗歌中，我们可以看出作者对于马球运动的热爱之情。再如，围棋在唐代同样非常盛行，由于围棋具有文雅的性质，所以更加适用文人。关于文人对于围棋的吟诵诗歌，处处皆是，如《李义山诗集·赠郑谠处士》："浪迹江湖白发新，浮云一片是吾身。寒归山观随棋局，暖入汀洲逐钓轮。"杜甫的《江村》："清江一曲抱村流，长夏江村事事幽。自去自来堂上燕，相亲相近水中鸥。老妻画纸为棋局，稚子敲针作钓钩。但有故人供禄米，微躯此外更何求？"这些诗歌从不同方面反映了唐代文人对围棋项目的喜爱之情。唐代的民俗体育文化甚为流行，甚至军队中间都盛行"常戏"，打破了人们对于军队只会作战的刻板印象。唐代的军队中流行很多种类的军中戏，所以"唐代的军队中既有娱乐戏、又包含军事训练意义的体育活动，还有角抵、马球、足球等项"。[1]"马球""蹴鞠"等民间运动项目在军队中的流行充分说明了这一时期此类民俗文化项目已经深入当时社会的各个阶层，这是有深厚的民俗文化流行背景的，诚如有些专家指出的那样："由于其士卒多来自民间，最终又归之于民间，故军中体育的活跃，一方面反映了民间的体育风尚，另一方面也不同程度地推动了民间体育习俗的形成与发展。宫廷体育之所以繁盛，与此也不无关系。"[2]

第三节 古代体育民俗文化的源流演变

如上所述，古代体育民俗文化项目非常多，从整个分类看无非就是射艺类活动、球类活动、武术类活动、田

---

[1] 黄伟，卢鹰：《中国古代体育习俗》，西安：陕西人民出版社，1994年，第151页。
[2] 黄伟，卢鹰：《中国古代体育习俗》，西安：陕西人民出版社，1994年，第155页。

径类活动、水上活动、棋类活动、马术活动、休闲健身活动、民俗游乐活动等。这些活动从产生到发展，其间经历过非常多的演变，其中的影响因素各不相同，对于其演变的路径及因素进行科学的探讨与合理的分析，有利于加深对体育民俗文化的认识，培养民族体育自豪感。

一、民俗游艺活动

民俗游艺活动历来为不同时期人民所喜爱，这些活动经过数千年的演变，逐渐走向成熟。由于数量种类较多，现拣选"风筝"与"摔跤"为代表来说明其演变情况。

1. 风筝

风筝是典型的民俗游艺活动项目，自古以来广为大众喜爱，形成了中华民族特有的风筝文化。放风筝这一游艺民俗很早就产生了，上古的先民主要是模仿"鸢"这种鸟自由地翱翔在空中，在精神上出于对自由的向往而制造出原始的风筝。上古时期的文献关于"鸢"的记载处处皆是，如《诗·小雅·四月》："匪鹑匪鸢，翰飞戾天。"《文选·曹植〈名都篇〉》："余巧未及展，仰手接飞鸢。"李善注引郑玄曰："鸱之属也。"早期的中国社会制造的"鸢"往往使用木材，所以早期社会有关于"鸢"的专有名词——木鸢。《墨子》卷十三："公输子削竹木以为鹊，成而飞之，三日不下，公输子自以为至巧。"《淮南子·齐俗训》："鲁般、墨子以木为鸢而飞之，三日不集，而不可使为工也。"这些文献说明，早期的中国社会对于飞鸢这类游艺民俗有一定热爱，虽然囿于当时材料与技术的限制，使用木质材料制作飞鸢，但这些行为反映了早期先民对飞行游戏的向往与追求。随着木鸢游戏在全社会的普及，这种游戏的社会接受度大大地提高，逐渐成为一种广为接受的民俗游戏。到汉代，这种游戏继续流行，这一时期随着造纸术的发展，更加廉价的"纸鸢"开始规模化地出现。以至于发展到唐宋时期，纸制的风筝大为流行，形成了一种重要的娱乐工具。唐代的文人多有描写，如高骈《风筝》："夜静弦声响碧空，宫商信任往来风。依稀似曲才堪听，又被移将别调中。"司空曙《风筝》："高风吹玉柱，万籁忽齐飘。飒树迟难度，萦空细渐销。松泉鹿门夜，笙鹤洛滨朝。坐与真僧听，支颐向寂寥。"这些文献清楚地反映唐代人对于风筝的痴迷，达到了不分昼夜放飞风筝的地步。随着社会的发展，宋代的风筝在整个社会得到较好的普及，成为全社会不同阶层共享的游艺民俗活动项目。宋代的《武林旧事》卷三："至于吹弹、舞拍、杂剧、杂扮、撮弄……起轮、走线、流星、水爆、风筝，不可指数，总谓之'赶趁人'，盖耳目不暇给焉。"又，《西湖老人繁胜录》："余外向有独勾栏瓦市、稍远于茶、中作夜场、街市举放风筝轮车数……或用黑漆、亦有用小轮车者、多是药线、前后赌赛输赢。"这些文献反映了宋代时期风筝活动深受中国南北方人民喜爱的情景，特别是《西湖老人繁胜录》中关于风筝的记载，更是反映了南宋社会的首都临安（杭州）夜市中放风筝已经成为一道亮丽的风景线，折射出这种民俗已经融入普通百姓之家。

元代的风筝活动同样风靡全国，成为老幼皆宜的体育民俗活动，这一点可以从元代文人的作品中看得非常清楚。如《关汉卿戏曲集·王闰香夜月四春园》："孩儿也，我与你二百钱，你买个风筝儿放耍子去，休要惹事。……李庆安云：有了钱也，我买风筝儿去也。（下）孛老儿云：孩儿买风筝儿去了。"从文献中可以看出，元代不仅孩子们喜爱玩耍风筝，而且成年人也喜欢风筝的游戏，以至于出现争相购买的局面。明代的风筝更是进入普通百姓家，民间放风筝活动成风。《二刻拍案惊奇·进香客莽看金刚经　出狱僧巧完法会分》："原来一年之中，惟有正二月的风是从地下起的，所以小儿们放纸鸢风筝，只在此时。"从中可以看出，明代春季放风筝已经成为一种非常普遍的嬉戏活动，以至于明代的诗歌中有较为详细的对风筝的描写。如，《明清民歌时调集·挂枝儿·咏部八·风筝》："风筝儿，要紧是千尺线，忒轻薄，忒飘荡，不怕你走上天，一丝丝，一段段，拿住你在身边缠，不是我不放手，放手时你就一去不回还，听着了你的风声也，我自会凑你的高低和近远。"这则民歌不仅详尽描绘了风筝的形貌，而且把放风筝的技巧描绘得特别清楚。明代的放风筝已经成为一种全天候的民俗活动，夜间放风筝也成为一种常见的现象。高骈《夜听风筝》："夜静弦声响碧空，宫商信任往来风。依稀似曲才堪听，又被风吹别调中。"就是较好的明证。

清代的风筝民俗体育活动比起往代更加普及，其走向更加成熟的主要标志是风筝的制作更加成熟，技术更加精湛。不仅专门的作坊制作风筝，甚至儿童也会制作风筝，如《安平县杂记》："夜制中秋饼，朱书'元'字，掷四红夺之；……歌吹相闻，谓之'社戏'。重阳，士人载酒登高，童子竞制风筝。"可见当时的儿童基本都会制作风筝，风筝之俗已经深深地融入到当时的整个社会当中。

2. 摔跤

传统中国体育民俗文化中，摔跤是一项重要的表现形式。"摔跤"这一名词来源于上古时期的"角抵"。"角抵"活动起源于战国时期，又称为"角力"。"角抵"作为专有名词，其形成开始于秦汉时期。《汉书》卷六：

"三年春，作角抵戏。"应劭曰："角者，角技也。抵者，相抵触也。"文颖曰："名此乐为角抵者，两两相当角力，角技艺射御，故名角抵，盖杂技乐也。"晋代以后又称为"争交"。从晋代开始，其运动的基本规则等已经类似于现代的摔跤运动。换言之，中国现代摔跤活动的直接源头应该是晋代。作为休闲娱乐活动，角抵活动在汉代已经成为百戏的一种了。这一时期的角抵活动已经被社会各个阶层广为接受，甚至被朝廷作为接待外国使臣的节目而使用。如《汉书》卷九："罢角抵、上林宫馆希御幸者，齐三服官，北假田官盐铁官，常平仓。"范晔《后汉书·东夷传》："顺帝永和元年，其王来朝京师，帝作黄门鼓吹、角抵戏以遣之。"从上述文献中可以清楚地看出，其娱乐性与表演性非常凸显。

经过千年的演变，角抵摔跤之戏逐渐走向成熟，成为全国性的游艺民俗。至元明时期，角抵摔跤之活动已经被广泛地接受，甚至扩大到其他少数民族地区，如《大金国志·太宗纪》："金国如结彩山，作倡乐。寻幢角抵之伎，斗鸡击鞠之戏，俱与中国同。"《客滇述》："以傅宗龙巡抚四川。宗龙云南人，初至成都，民间讹言巡抚于六月二十四日欲为火把会。火把会者，云南之俗，至六月二十四日燎火庭中聚饮，令人相扑跌为乐，盖古角抵戏也。至秋，民心乃安。"由此可见，当时，摔跤在社会非常普及，元明时期的戏剧表演中广泛应用摔跤，元杂剧当中"科"的动作就包含了摔跤这一内容，这是继承了汉代以角抵表演故事的传统。明代的摔跤运动不仅在民间广泛流行，而且在军队甚至宫廷中广泛流行。《今古奇观》第二十九卷："齐云社翻踢斗巧，角抵社跌扑争奇，雄辩社喊叫喧呼，云机社般弄躲闪。"这则文献反映了民间流行的情况。《明史》卷三〇七："于是调辽东、宣府、大同、延绥四镇军入京师，号外四家，纵横都市。每团练大内，间以角抵戏。帝戎服临之，与彬联骑出，铠甲相错，几不可辨。"又如，《明史·江彬传》："每团练大内，间以角抵戏。"这些文献反映了明代的军队及皇帝视察军队角抵之戏的情况。明代有些皇帝对于角抵摔跤之戏甚至达到了痴迷的程度。《明史》卷一八六："文司国计二年，力遏权幸，权幸深疾之。而是时青宫旧奄刘瑾等八人号'八虎'，日导帝狗马、鹰兔、歌舞、角抵，不亲万几。"从文献中可以看出，明孝宗由于痴迷于角抵摔跤的游戏而达到了不理朝政的地步。明代的角抵戏除了作为娱乐的工具之外，甚至被作为医学治疗的手段，如《医方类聚》卷二："项开令之妻病食，不欲食，常好叫呼怒骂，欲杀左右，恶言不辍，众医皆处药，几半载尚尔，其夫命戴人视之。戴人曰：此难以药治。乃使二娼，各涂丹粉，作令人状，其妇大笑；次日，又令作角抵，又大笑。……不数日，怒减食增，不药而差后得一子。夫医贵有才，若无才，何足应变无穷？"可以肯定地说，角抵摔跤之民俗，至明代已经成为一项非常成熟的体育民俗活动。清代的摔跤民俗项目达到了历史的顶点，"满族入主中原之后，摔跤也自然而然地被带入中原，与中原悠久的摔跤结合，一下子把摔跤推向一个崭新的高峰。由于政府将摔跤列为军事技术之一加以提倡，并有固定的编制和经费，因而得到迅速发展"。[1]清代的摔跤最初称为"布库"，为满族语词。《归田琐记》卷五："山中故人往来……或问何为布库之戏，余谓布库是国语，译语则谓之撩脚，选十余岁健童，徒手相搏，而专赌脚力胜败，以扑地为定。"清代布库（摔跤）的民俗甚为流行，上至王公大臣，下至平民百姓，村野市井广为流行。清代的"布库"由于受到中原摔跤的影响，其名称逐渐为"角抵""摔跤"等名称所取代，其规则也有些改变。清代摔跤技术的发展与最高统治者有着密切的关系，如清代的皇帝非常喜欢摔跤活动，《清实录·太宗文皇帝实录》卷十七："上御中殿。命土谢图济

---

[1] 崔乐泉：《中国体育发展史》，台北：文津出版社，2010年，第146页。

农、巴达礼扎萨克图、杜棱布塔齐噶尔珠塞特尔、三贝勒下三旗力士，先与小力士为角抵之戏。后令阿尔萨兰、与三旗选拔力士六人较。"摔跤在清代的上层社会甚为流行，如《清实录·太宗文皇帝实录》卷十一："先是三洼地方会盟时，特木德赫与杜尔麻角抵。……门都又尝与杜尔麻角抵于殿前。……赐号巴尔巴图鲁布库。三人皆蒙古人。膂力绝伦。善角抵。"从中可见其流行的广度。从摔跤的种类看，清代的摔跤可以分为两大类：官跤、私跤。官跤是指专为官方服务的摔跤，官府负责选拔、培养及组织比赛等，这类摔跤手由于有官方的背景，有充足的资金，有非常好的教练，所以其水平非常高，往往代表朝廷参加不同类型的比赛或者接待外国使臣等活动。清代诗人有相关的描写，如硕亭《京都竹枝词》："布靴宽袖夜方归，善扑营中个个肥，燕颔虎头当自笑，但能相搏不能飞。"清代与官跤并行的还有私跤，所谓的"私跤"指的是民间的摔跤活动。民间摔跤已经形成一种文化深入到普通百姓之中了，并且形成了诸多与摔跤相关的名词，如"跤窝子""交辫""跤人子"等。所谓的"跤人子"指的是假摔跤，属于一种依托摔跤的娱乐性游戏，这种"跤人子"的直接源头就是宋代广为流行的"乔相扑"，当然清代的"跤窝子"很明显还有来自关外的满族摔跤的元素，属于合璧式的民间摔跤节目。"交辫"指的是为了摔跤而进行的着装打扮，"清代的民间摔跤在比赛时，摔跤手上身穿褡裢，下身穿肥裤，腰系骆驼毛绳，脚蹬短靴，头上的发辫挽成结"。[1]"跤窝子"则是这专门用于摔跤的场地。清代关于摔跤的这些名词已经专门化，成为妇孺皆知的娱乐名称，普及度非常之高。清代的摔跤影响深远，不仅在中原大地，在边塞地区的少数民族聚集地也受到广泛的欢迎，成为全国性的体育娱乐活动。"从角力、角抵到相扑，再到摔跤，这一盛行数千年的中华民族传统竞技，就是这样，既源远流长，又丰富多彩。"[2]

二、休闲健身活动

休闲健身活动在中国源远流长，在数千年的时间里经过反复频繁演变，最后定型形成了今天的休闲类活动项目。休闲类体育活动项目反映了中国人追求自身健康与快乐的史实。传统的这类文化项目大致包括"投壶""垂钓""登高""踏青""气功"等，后来随着佛教的传入，又有了瑜伽文化等。现以历代较为习见的"登高""踏青"休闲活动为例简要说明其历史的演变轨迹，由此展示古代

［1］ 崔乐泉：《中国体育发展史》，台北：文津出版社，2010年，第150页。
［2］ 崔乐泉：《中国体育发展史》，台北：文津出版社，2010年，第151页。

中国休闲健身活动发展的基本概况。

1. 登高

作为一种文化活动，"登高"的形成与演变经历很长时间。"登高"本为"升至高处"。《荀子·劝学》："吾尝跂而望矣，不如登高之博见也。"三国时期魏国阮籍《咏怀》之十五："开轩临四野，登高望所思。"明代刘基《旅兴》诗："登高望四方，但见山与河。"其中的"登高"都保留了这一语义。后指"农历九月初九日登高的风俗"。南朝梁国吴均《续齐谐记·九日登高》："汝南桓景随费长房游学累年。长房谓曰：'九月九日汝家中当有灾，宜急去，令家人各作绛囊盛茱萸以系臂，登高饮菊花酒，此祸可除。'景如言，齐家登山。夕还，见鸡犬牛羊一时暴死。长房闻之曰：'此可代也。'今世人九日登高饮酒，妇人带茱萸囊，盖始于此。"由此可见，最早的登高民俗活动来源于除祸辟邪。唐代的登高活动继承了汉代登高的文化传统，唐代王维《九月九日忆山东兄弟》诗可以反映出这一文化继承，王维《九月九日忆山东兄弟》："遥知兄弟登高处，遍插茱萸少一人。"后来"登高"的语义又产生了新的变化，指农历正月初七和十五日登高的风俗。晋代陶潜《移居》诗之二："春秋多佳日，登高赋新诗。"南朝梁代宗懔《荆楚岁时记》："正月七日为人日，以七种菜为羹，剪彩为人，登高赋诗。"《隋书·元胄传》："尝正月十五日，上与近臣登高。"清代顾张思《土风录》卷一："古人登高不止重阳。石虎《邺中记》：'正月十五日有登高之会。'桓温参军张望有《七日登高》诗，韩退之有《人日城南登高》诗，盖即《老子》所云'众人熙熙，如登春台'之意。""登高"从最早的登临高处以欣赏美景，发展到后来成为一种文化深厚的民俗娱乐活动，其间虽有意义的变化，但其"既愉悦人们的身心，又对人们的身体健康有着极高的益处"。[1] 这一功能经久不变。

2. 踏青

"踏青"作为一种体育民俗活动指的是清明节前后郊野游览的习俗。旧时并以清明节为踏青节。"踏青"作为一种活动产生较早，有着较为久远的历史。《礼记·月令》："立春之日，天子亲率三公、九卿、诸侯、大夫以至，以迎春东郊。"这一活动的起源大致于此。《全后汉文》卷五十三："俟闻风而西遐，致恭祀乎高祖。既春游以发生，启诸蛰于潜户。度秋豫以收成，观丰年之多稌。"文献记载了汉代时期的春季，人们借春游活动以期

---

[1] 崔乐泉：《中国体育发展史》，台北：文津出版社，2010年，第351页。

盼未来有个很好收成的史实。《汉书》卷二四上："孟春之月，群居者将散，行人振木铎徇于路，以采诗，献之大师，比其音律，以闻于天子。"从中可以看出，农历正月人们已经开始出行采风，以达天听了。汉代的社会已经把踏青看作为一种重要的休闲活动，同时也承载了重要的社会服务功能。可见，踏青之风已经深入汉代社会，呈现出放射状的发展，其融入之深可见一斑。

至晋代时期，踏青得到了更好的发展，成为一种专门性的休闲民俗活动。《全后汉文》卷四十四："《孟春令》云：'其数八。'又云：'迎春于东郊。'卢植云：'东郊，八里之郊也。'"反映了魏晋时期在春天到来之时人们在城市的东郊八里之处迎接春天到来的习俗。东晋时期有专门的《春游赋》，《全晋文》卷八十三："青阳司候，句芒御辰。陈涤灌以摧枯，初茎蔚其曜新。幂丰叶而为幄，靡翠草而成篆。……抚鸣琴而怀古，登修台而乐春。尔乃碧巘增邃，灌木结阴。轻云晻暧以幕岫，和风清泠而启衿。"这首诗歌反映了魏晋时期的人们在春天里沐浴春风，结伴而游乐的情形。很显然，魏晋时期的春游已经蔚然成风了，成为社会生活不可或缺的一部分。

隋唐时期的踏青活动有了进一步的发展，一方面表现在踏青已经成为一种习俗，如唐代孟浩然《大堤行》：

"岁岁春草生，踏青二三月。"李端《春游乐》："柘弹连钱马，银钩妥堕鬟。摘桑春陌上，踏草夕阳间。"另一方面表现在参加的群体在扩大。汉魏时期的踏青主要的参加者为男性，隋唐时期女性也开始逐渐参加进来而且有了扩大化的趋势。刘禹锡《踏歌行》："春江月出大堤平，堤上女郎连袂行。唱尽新词看不见，红霞影树鹧鸪鸣。桃蹊柳陌好经过，灯下妆成月下歌。为是襄王故宫地，至今犹自细腰多。"这首脍炙人口的诗歌反映的是唐代川江一带的民俗风情。描写了春日之时，女性游沐于川江两岸，欣赏无限的春光，以咏唱表达对爱情的期待和追求。唐代女性的踏青是全社会上至宫廷女性下至普通女性都参加的民俗活动。杜甫《丽人》："三月三日天气新，长安水边多丽人。态浓意远淑且真，肌理细腻骨肉匀。绣罗衣裳照暮春，蹙金孔雀银麒麟。头上何所有？翠微盍叶垂鬓唇。"反映的是宫中女性在三月三日这天在长安城中的水滨浓妆艳抹，精心打扮之后参加春游的情景。有些女性则在宫内的御园进行踏青揽胜，如《敦煌变文集新书》卷二："帝子王孙，奏笙歌于三殿之中，动丝竹于九宫之内。罗帏昼寝，嫔妃添金艳之香；御宛（苑）春游，侍从摘玉兰之蕊。"这一时期的踏青春游还伴着体育活动等。《旧唐书》卷一六六："如今年春游城南时，与足下马上相戏，因各诵新艳小律，不杂他篇。"文献反映的是春游期间，同时开展马上嬉戏的情景。

宋代的踏青活动内容更加丰富多彩，参与者更多。宋代女性积极参加踏青活动，而且有了专门性的踏青服饰，如宋代的妇女已经有了专门用来踏青活动的鞋子，《东堂词·小重山立春日欲雪》："宜春金缕字，拂香腮。红罗先绣踏青鞋。春犹浅，花信更须催。"《全宋词·和王伟翁上巳》："待去做、踏青鞋履，懒拈纤手。"《全宋词·三月三日》："小篱过雨翠长街，绷桃定有踏青鞋。"其中的"红罗先绣踏青鞋"等就是最好的证明。宋代的妇女有时候相约成群出行踏青，把踏青作为一种群体性活动，如《和清真词·风流子》："河梁携手别，临歧语，共约踏青归。自双燕再来，断无音信，海棠开了，还又参差。"《淮海词·沁园春》："绮陌上，见踏青挑菜，游女成行。"《稼轩词·江神子》："梅梅柳柳斗纤秾。……何处踏青人未去，呼女伴，认骄骢。"而且，宋代的女性在踏青之时常常又进行其他的娱乐性活动。《画继》卷十："士女乘车、跨马、踏青、拾翠之状，又以金银屑饰地面。"《画继》反映了宋代妇女娱乐活动的丰富性，比起前代女性的踏青休闲活动有了明显的发展与进步。踏青在宋代已经成为较为成熟的休闲娱乐活动了。

明清时期的踏青活动承继了宋代的踏青，不仅成为不同阶层常见的休闲娱乐活动，而且成为一种颇具特色的民俗娱乐活动。

第四节　古代体育民俗文化对外的影响

中国古代的体育民俗文化源远流长，在数千年的发展过程中对外产生了较大的影响，很多体育民俗文化项目在交流的过程中传播到海外，很多体育民俗文化项目随着国力的强盛而影响其他国家。从影响的范围看涉及东亚的日本、朝鲜，南亚的越南及中亚的部分国家。这些民俗文化体育项目有些保持了中国古代体育民俗文化的原貌，有些则产生了较大的变化。无论如何，这些体育民俗文化项目向世界展示了中华体育民俗文化的魅力，展示了古老文明的大国风貌。

一、对日本的影响

历史上，中国对日本的影响是全方位的，从政治经济至文化体育等。囿于篇幅，本书仅从休闲娱乐活动、民间体育等几个方面进行阐述。"隋唐时期，由于国家安定，社会经济繁荣，开放之风盛极一时。在这种开放的环境中，中国传统的体育文化不断东传对东方名国，尤其是日本体育文化的发展作出了巨大贡献。"[1]

1. 休闲娱乐活动

中国的休闲娱乐活动项目传播到日本的很多，影响深远，如中国传统的"蹴鞠""马球""角抵""围棋""双陆"等。这些体育民俗文化项目深受日本人民的喜爱，有些经过长期改造，已经成为独具特色的日本体育项目。历史上，日本的嵯峨天皇就写过《早春观打毬》汉诗："芳草烟景早朝晴，使客乘时出前庭。回杖飞空疑初月，奔球转地似流星。左乘右碍当门竞，群踏分行乱雷声。大呼伐鼓催筹急，观者犹嫌都易成。"有些日本人甚至喜爱制造体育器械，如《太平广记》卷七五："韩志和者，本倭国人也，中国为飞龙卫士。善雕木为鸾鹤乌鹊之形，置机捩于腹中，发之则飞高三二百尺，数百步外方始却下。"由此可以看出中国传统体育游艺民俗对于日本影响之深。囿于篇幅，我们仅举日本的相扑活动为例以说明之。日本的相扑运动是在中国传统的角抵体育文化活动基础上发展起来的。中国的角抵发展成为相扑，成为我国传统体育项目之

---

[1] 廖涛，李振国：《隋唐时期中国体育对日本的影响》，《体育文史》，1998年第4期。

一。《太平御览》卷七五五引晋王隐《晋书》："襄城太守责功曹刘子笃曰：'卿郡人不如颍川人相扑。'笃曰：'相扑下技，不足以别两国优劣。'"宋高承《事物纪原·博弈嬉戏·角抵》："今相扑也。《汉武帝故事》曰：'角抵，昔六国时所造。'《史记》：'秦二世在甘泉宫，作乐角抵。'注云：'战国时增讲武，以为戏乐相夸，角其材力以相抵斗，两两相当也。汉武帝好之。'"中国的隋唐时代，相扑运动正式传入日本，我们可以从日本文献《古事记》《日本书记》中得到验证。相扑运动传入日本后深受日本人民的喜爱，经过历代的演变，已经成为日本的国粹之一。日本在历史上曾设置了"相扑节"，可见相扑活动在日本受到极高的重视。"在日本，则已逐渐发展成为一种具有独特民族色彩的竞技运动，这与隋唐时期兴盛的相扑活动的影响和推动不无关系。"[1]再如，围棋传入日本不仅丰富了日本休闲养生文化，同时也成为日本的一种国粹。早在两晋时期，围棋开始通过朝鲜辗转传入日本。《北史》卷九四："敬佛法，于百济求得佛经，始有文字。知卜筮，尤信巫觋。每至正月一日，必射戏饮酒，其余节略与华同。好棋博、握槊、樗蒲之戏。"《隋书》同

---

[1] 廖涛，李振国：《隋唐时期中国体育对日本的影响》，《体育文史》，1998年第4期。

样记载了这一情况。隋唐时代，日本大批遣唐使及留学生来华，学习了中国的围棋，有些人的围棋技艺非常高，这些遣唐使把中国的围棋技术带回日本并且进行传授，掀起了围棋热。这一时期的日本所使用的围棋法则完全是中国的围棋法则。中国的《玄玄棋经》在很长时间一直为日本棋手的必读书目。日本人对于围棋民俗项目的喜爱非常之深，《旧唐书·宣宗本纪》："日本国王子入朝贡方物，王子善棋，帝令待诏顾师言与之对手。"这则文献说明日本的上层社会对于围棋的接受度非常之高。随着围棋活动的普及，日本上层女性也开始开展围棋活动，平安时代以后围棋开始在日本上流社会普及，日本平安时代女作家紫式部的《源氏物语》有较为详细的描写。镰仓时代（1185年—1333年）围棋开始在武士中也迅速得到传播，成为日常与战时的一种重要休闲活动项目。与此同时，围棋也进入了佛寺庙观，成为僧侣们消遣生活的工具，日本棋圣玄尊法师编写的《围棋式》在推进日本围棋发展的过程中起到了较为重要的作用。"御城棋"制度与棋院制度的设立则为日本精英围棋人才的培养起到了推波助澜的作用。

2. 民间体育

中国民间的百戏在唐代时期开始传入日本。坂本仲芳《奇术的世界》中有较为详细的记载。影响较大，较为流行的民间项目为狮子舞。日本的狮子舞源自中国的唐代，奈良时代的日本，狮子舞非常盛行，后来在日本各地经过吸收与改造，成为具有日本特色的体育民俗活动项目之一。后来发展成为民俗艺能的一种而盛极一时，"日本'民俗艺能'的神乐系统中，极为盛行的《狮子神乐》（又名《狮子舞》《太神乐》）是表演者披狮子皮、戴狮子头而舞，后来又加上曲艺杂技等，到各个村镇、街道去巡游"。[1] 有些狮子舞在某些地区甚至成为一种驱逐恶魔的手段，如在日本的伊水湾等地区，舞团成员"耍着狮子头到各个家门去巡访演出，为各家各户驱逐恶魔的一种神乐"。[2] 日本不同时代不同社会阶层通过相互传授，使得《狮子舞》的表演得到极大的传播，狮子舞民俗活动在日本的乡村及城市中得到迅速普及并走向全国各地，最终成为风靡全日本的民俗活动项目。日本民间的杂技种类繁多，这类杂技基本可以断定是来自中国的唐代。日本正仓院收藏的一枝弓箭上就雕刻着中国唐代乐舞百戏图，图中有弹箜篌的，有表演竹竿技艺的，有吹笛奏乐的，有挥袖舞蹈的，各类表演栩栩如生，展示了唐代发达的歌舞技

---

[1] 王建纬：《中国〈狮舞〉的东传与日本"民俗艺能"》，《四川文物》，2002 年第 3 期。

[2] 王建纬：《中国〈狮舞〉的东传与日本"民俗艺能"》，《四川文物》，2002 年第 3 期。

艺及日本民间学习中国唐代歌舞技艺的情况。"日本文物
《信西古乐图》上所绘的 50 余个唐代百戏技巧和乐舞节
目，其装扮、名称均已日本化，更进一步确证这些节目已
为日本艺人所吸收。"[1]包括考古、文献等各种证据表明，
日本的围棋、养生、散乐等活动均为来自中国古代的体育
文化项目。"即使是具有日本国家象征的刀兵器文化，也
是先有来自中国的文化输入，然后经过日本本土的文化改
造与技术改进而有后世的闻名。"[2]

二、对朝鲜的影响

朝鲜传统体育项目较多，据不完全统计朝鲜传统体
育项目多达 300 种以上。由于朝鲜与中国在历史上具有
传统的友好关系，相比日本，历史上的朝鲜体育文化受
到中国的影响非常深远。中国的文献中时常可见相关的记
载，如《图画见闻志》卷三："恪不乐都下风物，颇有讥
诮杂言，或播人口。有《唐贤像》《五丁开山》《巨灵擘太
华》《新罗人角力》等图传于世。"中国体育文化对朝鲜的
影响主要体现在两个方面，即：体育器械与文化项目。考

---

[1] 崔乐泉：《中国古代体育文化源流》，贵阳：贵州民族出版社，2011 年，第
　　202 页。
[2] 刘永：《秦汉以降基于东北亚地缘秩序的体育文化传播研究》，《南京体育学院
　　学报》（社会科学版），2013 年第 6 期。

古发现，朝鲜平壤附近出土的体育器械，如矛、枪等冷兵器都属于中国秦汉时期的兵器。中国的剑术在朝鲜深受欢迎，中国有专门的剑术教师在朝鲜进行传授剑术，如明代中国的抗倭名将骆尚志专门在朝鲜传授剑道，深受朝鲜人的欢迎。朝鲜的射术也深受中国的影响，《高丽史》卷一百三十七："二十年闰二月始令文官四品以上年未六十者，每暇日习射于东西郊。"《南史》卷七九："二十七年，毗上书献方物，私假台使冯野夫西河太守，表求《易林》、《式占》、腰弩，文帝并与之。"朝鲜不仅从中国获得了弓箭等器具，而且获得了射箭的技术。射艺在朝鲜成为民间喜闻乐见的一种体育文化，《文献通考·百济》："兵有弓、箭、刀、稍。俗重骑射，兼爱坟史。"这里的"俗重骑射"明确指出了朝鲜民间对于骑射技术的喜爱。朝鲜的科举（武科）考试明确规定了射术为必考科目，这是受到中国科举（武科）考试的影响而做出的规定。中国历史上的体育民俗活动对朝鲜的影响是全面的，深入的。《旧唐书》卷一九九上："高丽者，出自扶余之别种也。其国都于平壤城，即汉乐浪郡之故地，……国人衣褐戴弁，妇人首加巾帼。好围棋投壶之戏，人能蹴鞠。"可见，中国的"围棋""投壶""蹴鞠"等游戏在朝鲜民间已经开花结果，遍及全国，深入不同阶层。中国民间的百戏传入朝鲜的更为多见，明郑麟趾《高丽史》："恭愍时，太祖皇帝特赐雅乐，遂用之于朝庙。又杂用唐乐及三国与当时俗乐。"又如，明倪谦《朝鲜纪事》："葵花衫金钉带与华同，陈百戏环绕，作百兽率舞态竖。"皆可为证。所以，有学者说："中国传统体育作为一种文化现象，也被朝鲜全面受容、普及和世代传承，对朝鲜固有的传统体育内容……格斗及其他军事武艺的发展给予了深刻影响，朝鲜传统体育许多项目的产生、发展、内容、形式、方法，直至名称，均与中国大同小异。"[1]

三、对其他国家的影响

中国盛世时期的体育文化对国外的影响除了朝鲜、日本之外，对其他国家也有影响。以汉代、唐代等不同时代为例，可见一斑。"汉代铸铁技术的改进和西传，使中亚各国在兵器装备上得以广泛吸收汉军使用的各种长柄武器矛、戟和远射武器强弩、铁镞。同时，中国的弩机，在汉代经过改进……成为当时西域各国武艺器械中的佼佼者。"[2]唐代国力强盛，影响较大。"唐代也是封建社会体

---

［1］ 李连友：《朝鲜传统体育的尚武特色及其成因》，《成都体育学院学报》，1993年第3期。
［2］ 崔乐泉：《中国古代体育文化源流》，贵阳：贵州民族出版社，2011年，第396页。

育文化的发展高峰，……在民俗体育方面，如秋千、斗鸡、踏春、赛龙舟也在城乡蓬勃开展，其中有些项目来自西域，也有些项目远播朝鲜、日本、东亚、西亚，甚至欧洲，出现了以唐朝为文化中心的传播流。"[1]隋唐时期中国的体育类舞蹈也进入了印度，如唐代著名的玄奘法师就把当时流行的"秦王破阵舞"介绍到了印度。欧洲早期较为流行的"九柱球戏"就是受到中国唐代的"十五柱柱球戏"的影响而产生的。有学者指出，欧洲的高尔夫球应该是来源于中国的捶丸项目。"把宋元时代沿传到明初被画在'宣宗行乐图'上的捶丸和现行高尔夫的照片对

"宣宗行乐图"中的捶丸　　　　　现行的高尔夫球

---

[1] 王俊奇：《唐代体育文化的传播与接受》，《浙江体育科学》，2011 年第 2 期。

比，可以证明后者脱胎于前者，比之仅用文字来论证更为有力。"[1]

当然，相比中国古代体育民俗项目对于东亚诸多国家的影响而言，对于其他国家或地区的影响不是那样地显著，这是不争的事实。

---

[1] 中华人民共和国体育运动委员会运动技术委员会编：《中国体育史参考资料》（第七、八辑），北京：人民体育出版社，1959年，第161页。

第四章　中国古代体育语词汇释

狡狯

儿童游戏；游戏。

《南齐书》卷四二："少帝以坦之世祖旧人，亲信不离，得入内见皇后。帝于宫中及出后堂杂戏狡狯，坦之皆得在侧。"句中的"杂戏"就是"古代娱乐形式之一，包括百戏、杂乐、歌舞戏、傀儡戏等"。"杂戏狡狯"就是嬉戏，游戏。又如，《太平广记》卷三六〇引三国魏曹丕《列异传·傅氏女》："北地傅尚书小女，尝拆荻作鼠，以狡狯。"《魏书·萧昭业传》："与群小共作鄙艺，掷涂赌跳，放鹰走狗诸杂狡狯。"句中的"放鹰走狗诸杂狡狯"就是放老鹰、猎狗等诸多游戏。又如，宋陆游《示子遹》诗："诗为六艺一，岂用资狡狯。"自注："晋人谓戏为狡狯，今闽语尚尔。"

射

1.即射箭的技能，古代六艺之一。《周礼·地官·大司徒》："三曰六艺：礼，乐，射，御，书，数。"郑玄注："射，五射之法。"五射即古代行射礼时的五种射法。《周礼·地官·保氏》："养国子以道，乃教之六艺：一曰五礼，二曰六乐，三曰五射，四曰五驭，五曰六书，六曰九数。"郑玄注引郑司农曰："五射：白矢、参连、剡注、襄尺、井仪也。"又，《礼记·射义》："是故古者天子，以射选诸侯、卿、大夫、士。射者，男子之事也。"

2.射礼。射礼属于周礼的一种。《广韵》："周礼有五射。"射礼有大射、宾射、燕射、乡射四种。将祭择士为大射；诸侯来朝或诸侯相朝而射为宾射；宴饮之射为燕射；卿大夫举士后所行之射为乡射。《礼记·射义》："天子以射选诸侯。"

侯

射箭用的箭靶。

古代的箭靶常常用以兽皮或画上兽形的布为之。《诗·小雅·宾之初筵》："大侯既抗，弓矢斯张。"高亨注："侯，箭靶。"《仪礼·乡射礼》："乃张侯下纲，不及地武。"郑玄注："侯谓所射布也。"《毛诗·国风》："终日射侯。不出正兮。"朱熹注："侯,张布而射之者也。大射则张皮侯而设鹄,宾射则张布而设正。"

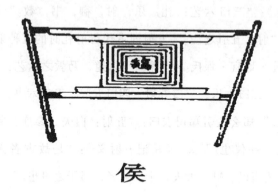

侯

田猎

打猎。

田:打猎。《字汇·田部》："田,猎也。"《易·恒卦》"田无禽",孔颖达疏："田者,田猎也。"猎:打猎,捕捉禽兽。《诗·魏风·伐檀》："不狩不猎,胡瞻尔庭有县狟兮。""田猎"属于联合构词。《诗·齐风·还序》:"哀公好田猎,从禽兽而无厌,国人化之,遂成风俗。"《抱朴子外篇》卷之二十八:"或有围棋樗蒱,而废政务者矣;或有田猎游饮,而忘庶事者矣;或有不省辞讼,而刑狱乱者矣。"《左传·襄公三十一年》:"譬如田猎,射御贯，则能获禽。"

以上可见，"田猎"是从开始维持生活的狩猎活动逐渐形成一种游艺体育的风俗。

戏

1. 角斗，角力。

《左传·僖公二十八年》："子玉使斗勃请战，曰：'请与君之士戏，君冯轼而观之，得臣与寓目焉。'"《国语·晋语九》："少室周为赵简子之右，闻牛谈有力，请与之戏，弗胜，致右焉。"韦昭注："戏，角力也。"

2. 指歌舞杂技等的表演。

《史记·孔子世家》："有顷，齐有司趋而进曰：'请奏宫中之乐。'景公曰：'诺。'优倡侏儒为戏而前。"《汉书·西域传赞》："设酒池肉林以飨四夷之客，作《巴俞》都卢、海中《砀极》、漫衍鱼龙、角抵之戏以观视之。"

百戏

古代乐舞杂技的总称。

"百戏"中的"百"是言其多。关于"百戏"的记载文献多见，如《北史》卷七四："其六品已下，至于凡庶，有善音乐及倡优百戏者，皆直太常。是后异伎淫声咸萃乐府，皆置博士，递相教传，增益乐人至三万余。"《二刻拍案惊奇》卷五："楼下施呈百戏，供奉御览。"《册府元龟》卷二："三年九月九日，应圣节，召两街僧道谈经于崇元殿。宰相进寿酒，百官行香修斋于相国寺，宣教坊乐及左右厢百戏以宴乐之。"《旧唐书》卷一六："甲寅，御新成永安殿观百戏，极欢而罢。"

对弈

下棋。

对弈即为下棋。古时亦通称博弈的子为棋。这里的棋有很多种，如围棋、象棋、军棋、跳棋等。下棋是一种较为古老的娱乐活动形式，文献中较为常见，如唐薛用弱《集异记·符契元》："迟明即诣开化坊访马（马总），而与兵部韩侍郎对弈。"唐段成式《观棋》："闲对弈楸倾一壶，黄羊枰上几成都。他时谒帝铜池晓，便赌宣城太守无。"唐宋以后，该种游戏普及度很高，文献中比比皆是，如宋周密《云烟过眼录》卷下："古画二，一作五丁开山，一作帝仙对弈。"《春渚纪闻》卷第七："一日方与僧对弈，外传南衙大王至，以太宗龙潜日，尝判开封府，故有南衙之称。"

白厮打

徒手搏斗。

白：空白，空无所有。故，"白厮打"即为"徒手搏斗"。宋无名氏《张协状元》戏文第十八出："十八般武艺都不会，只会白厮打。"《元刊杂剧三十种·马丹阳三度任风子杂剧》："来，咱白厮打，你赢的我，你便去；我赢的你，我便去。"元马致远《任风子》第一折："你如今白厮打赢的，便杀那先生去。"

勃交

摔跤

勃，争斗，争吵。如《庄子·外物》："室无空虚，则妇姑勃豀。"陆德明释文："勃，争也。"又作"勃豀"。明谢肇淛《五杂俎·人部四》："贫贱之畏妇，仰余沫以自给也；富贵之畏妇，惮勃溪而苟安也。"又作"勃诤"。如《柳宗元集·卷十八·骚》："故猿之居山恒郁然，王孙之德躁以嚚，勃诤号咷，喈喈强强，虽群不相善也。""交"，通"跤"。《水浒传》第十二回："杨志大怒，把牛二推了一交。"《金瓶梅词话》第二六回："刚到厢房中角门首，不防黑影里抛出一条绳子来，把来旺儿绊了一交。"周立波《山乡巨变》下六:"身材小巧的张桂贞挑半担泥巴爬上斜坡时,右脚一滑,仰天一交,连人带圆箕扁担,滚在烂泥里。"

故"勃交"为"争斗,摔跤"。如《海上花列传》第五十一回:"只见十来个梨花院落的女孩儿,在这院子里空地上相与勃交打滚,踢毽子,捉盲盲,顽耍得没个清头。"文中的"勃交打滚"就是"摔跤打滚"。

步戏

在戏台上演戏,也指戏班子。

步:徐行,缓慢行走。《尔雅·释宫》:"堂下谓之步。"郝懿行义疏:"《淮南子》卷十八:'夫走者,人之所以为疾也;步者,人之所以为迟也。'《释名·释姿容》:'徐行曰步。'"《史记》卷二三:"步中《武》《象》,骤中《韶》《护》,所以养耳也。"张守节正义曰:"步犹缓。车则和鸾之音中于《武》《象》,骤车中于《韶》《护》也。"由于戏在戏台上演出,故演员的步子肯定很小。因此称"步戏"为"在戏台上演戏"。元明以来,随着戏剧业的发达,"步戏"这种游艺形式渐多,在不同文献中都有记录,如《金瓶梅词话》第十九回:"叫了四个唱的,一起乐工、杂耍、步戏。"《醒世姻缘传》第三十八回:"我听说家里叫下的步戏，城里叫了三四个姐儿等待这二日了。"《野史无文》卷十四："十二日，八贼为将军祝寿，唱戏一日。先用男人六名清唱，次则女人四名清唱，后用步戏大唱。"

部署

指拳棒教师或打擂比赛的主持人。

《全元杂剧·无名氏·刘千病打独角牛》："张千与我唤将部署来者。张千云理会的。部署，相公唤你哩。部署领打擂四人上。部署云：'依古礼斗智相搏，习老郎捕腿拿腰。赛尧年风调雨顺，许人人赌赛争交。'"又如，元无名氏《射柳捶丸》第三折："外扮部署领打拳打棍四人上。"《水浒传》第七四回："一个年老的部署，拿着竹批，上得献台，参神已罢，便请今年相扑的对手出马争交。"上面句子中的"部署"即为擂台比武的主持人。《清平山堂话本·杨温拦路虎传》："马都头道：'我乃使棒部署，你敢共我使一合棒？'"此句中的"部署"语义为"拳棒教师"。

唱赚

产生于宋代的一种说唱艺术，是宋代游艺民俗的一种。

赚，宋代歌曲之一种。又名"不是路"。散板与定板交错应用，一般用于大型曲式之中。后之南曲中保存颇多。宋吴自牧《梦粱录·妓乐》："绍兴年间，有张五牛大夫，因听动鼓板中有《太平令》或赚鼓板，即今拍板大节抑扬处是也，遂撰为'赚'。赚者，误赚之之义也，正堪美听中，不觉已至尾声，是不宜为片序也。"《武林旧事》卷第八："第一盏，觱篥合小唱，《帘外花》。第二盏，琵琶独弹，《寿无疆》。陈刻'无疆寿'第三盏，筝琶、方响合，《双双燕》神曲。第四盏，唱赚。"《东京梦华录》卷之九："唱赚在京师日。有缠令缠达。有引子尾声。为缠令引子。后只以两腔互迎。循环间用者为缠达。"

撮弄

做戏法，也叫手技。

"撮"，本指"用三指取物；抓取"。《说文·手部》："撮，两手指取也。"《玉篇·手部》："撮，三指取也。"唐玄应《一切经音义》卷六引《字林》："撮，手小取也。"由"手小取"自然引申为技术性的玩弄东西，从而引申为手技。清翟灏《通俗编·俳优》："按：撮弄亦名手技，即俚俗所谓做戏法也。"这里的"撮弄"是正式的表达术语，"做戏法"为乡俗俚语。宋周密《武林旧事·干淳奉亲》："又有踏混木、水傀儡、水百戏、撮弄等，各呈伎艺。"《韩湘子全传》第十七回："话说退之发怒，喝湘子道：'你这羊、鹤、女子，都是那撮弄幻术，不足为奇。你先前说解造逡巡酒，能开顷刻花，如今一发做出来与我看，我便信你是个仙人。'"句中的"羊、鹤、女子，都是那撮弄幻术"清楚说明了"撮弄"是一种变戏法的事实。

打弹

用棒打球。古代的一种体育运动形式。

打弹，古称"捶丸"。基本的游戏规则是：在旷地画线为基，离基线远处掘一浅穴为窝；球置基中，以棒击之，入窝者为胜。《广韵·桓韵》："丸，弹丸。""弹"即为"丸"，小圆球形的物体。《丸经·处用》："错丸弃之。"注："错击他人球者算输。"宋元以来"打弹"游艺日盛，许多文献都有体现。《宋史》卷一四二："百戏有蹴球、踏跷、藏撅、杂旋、狮子、弄枪、铃瓶、苍碗、毡綖、碎剑、踏索、上竿、筋斗、擎戴、拗腰、透剑门、打弹丸之类。"宋无名氏《张协状元》戏文第二出："筑球打弹谩徒劳。"从中可知，"打弹"在宋代属于百戏的一种。明清时期，打弹依然很流行，如，《水浒传》第二回："踢球打弹，品竹调丝，吹弹歌舞，自不必说。"《二刻拍案惊奇》卷二十七："真个有沉鱼落雁之容，闭月羞花之貌；更兼吟诗作赋，驰马打弹，是少年场中之事，无所不能。"今吴语中仍然把打棒球称为"打弹子"。

打号

唱号子，喊号子。

打，指的是人体发出的某些动作，如"打寒噤、打手势、打瞌睡"等。又如，元无名氏《冻苏秦》第四折："又打一封战书，要来伐我秦国。"因此，"打号"就是发出喊号子的行为。如宋高承《事物纪原·博弈嬉戏·杵歌》："今人举重出力者，一人倡则为号头，众皆和之，曰'打号'。"《今古奇观》第三十九卷："侧耳听时，但闻隔船人声喧闹，打号撑篙，本船不见一些声息。"《芦浦笔记》卷第三："畚筑之间有打号，行路有打火，打包，打轿。负钱于身为打腰。饮席有打马，打令，打杂剧，打浑。僧道有打化，设斋有打供。荷胡床为打交椅，舞傩为打驱傩。"

打马

古代博戏的一种。

《字汇补》："打马，弹棋类也。宋李易安有《打马图》。"关于"打马"的游戏规则及演变历史，宋人及清代人有较为详尽的说明。李清照《〈打马图经〉序》："打马世有二种：一种一将十马，谓之关西马；一种无将，二十四马，谓之依经马。流传既久，各有图经。"清人张德瀛在《词征》卷五对于其演变过程则有详尽的说明："打马世有二种，一种一将十马，谓之关西马。一种无将二十四马者，谓之依经马。宣和间人取二种马参杂加减，又谓之宣和马。李易安打马赋及所著图经，言其情状甚悉。南宋时此风尤盛。至明中叶，遂有走马之戏，其制略与宋异，今俱废矣。"关于"打马"，其他宋元文献亦多有记载。《太平广记》卷二二八："贵彩得连掷，得打马，得过关，余彩则否。新加进六两彩。"《全元杂剧·逞风流王焕百花亭》："围棋递相，打马投壶，撇兰擞竹，写字吟诗，蹴鞠打浑，作画分茶，拈花摘叶，达律知音，软款温柔，玲珑剔透。"《西湖老人繁胜录》："打马象棋、杂彩擞球、宣男扇儿、土宜栗粽、悬丝狮豹、土宜巧粽、杖头傀儡、宣男竹作、锡小筵席、杂彩旗儿、单皮鼓、大小采莲船、番鼓儿。"由此可见,"打马"兴盛于宋代,至清代消亡。

刀马

武艺。

刀为兵器的名称。《说文·刀部》:"刀,兵也。"由此,引申为"武艺,武术"等。"马"有"武术,武义"的意思。《周礼·夏官·序官》:"夏官司马。"贾公彦疏:"郑云:'象夏所立之官。马者,武也,言为武者也。'"《说文解字》:"马怒也。武也。"朱骏声《说文通训定声》:"《说文》马怒也。武也。周礼目录马者武也。言为武者也。《管子·形势》:'解马者所乘以行野也。'"

"刀马"作为"武艺"之例,文献中习见。《封神演义》第九十六回:"妲己曰:'陛下且省愁烦。妾身生长将门,昔日曾学刀马,颇能厮杀。况妹妹喜媚与王贵人善知道术,皆通战法。陛下放心,今晚看妾等三人一阵成功,解陛下之忧闷耳。'"句中的"昔日曾学刀马"就是"过去曾经学过武艺"。《全元杂剧·阀阅舞射柳蕤丸记》:"我说亏你还做管事的人哩,且休说我刀马武艺,我见今为监军之职,我倒不合去,倒举别人去不成?"《全元杂剧·虎牢关三战吕布》:"我想来,凭者您弟兄三人刀马武艺，到于虎牢关，破了吕布，愁甚么高官不做？"句中"刀马"与"武艺"并举，语义甚明，皆为"武艺"义。

官场

三人踢球的游戏。

明焦竑《焦氏笔乘》："白打钱：《齐云论》白打，蹴鞠戏也。两人对踢为白打，三人角踢为官场。"明王志坚《表异录·言动》："白打，蹴鞠戏也。两人对踢为白打，三人角踢为官场。"由此看来，"白打"与"官场"的主要区别在于规制与方式的不同。"白打"，就是二人搏击，"官场"就是三人脚踢的游戏。明朱国祯在《涌幢小品·兵器》中有比较清楚的表述："白打即手搏之戏……俗谓之打拳。苏州人曰打手，能拉人骨至死。""官场"这种游戏承袭了古代的蹴鞠戏。从文献看，这种游戏始于明代，至清代"白打"与"官场"都较为流行。清周亮工《闽小记·白打》："予谓白打，即今之手搏，名短打者是也。"

架子

武义的招数，架势。

《后七国乐田演义》第二回："近侍早已备下战马，

子之要卖弄英雄，一手提起槊来，一手抓定马鬃，将身一纵，早已跨在马上，然后双手将铁槊轻轻地使开，先开过门，后又立个架子，左三路，右五路，初犹缓缓的一磐一控，一纵一送，如龙之盘旋，如虎之踊跃。"《西游记》第二回："那魔王丢开架子便打，这悟空钻进去相撞相迎。他两个拳捶脚踢，一冲一撞。原来长拳空大，短簇坚牢，那魔王被悟空掏短胁，撞丫裆，几下筋节，把他打重了。"其中的"架子"都是武术的招数、架势之义。

散耍

杂耍，杂技。

《篆隶考异》："耍：俗。篆作㲻。沙雅切。戏也。"《篇海》："戏也"。此中的"戏"就是"游戏，杂耍"。《字汇·而部》："耍，戏耍。"又有"杂耍儿"这一名词，《国语辞典》："杂耍儿：北方人称演幻术、踢毽子、说书、歌曲等各种技艺。"因此，"散耍"就是"杂耍，杂戏"。"散耍"在宋代较为流行，宋周密《武林旧事·酒楼》："又有吹箫、弹阮、息气、锣板、歌唱、散耍等人。"宋周密《诸色伎艺人》："散耍：杨宝、陆行、庄秀才、沈喜、姚菊。"诸多宋代文献都有体现。元明以来，"散耍"仍然流行，《西湖二集》第十一卷："又有吹箫、弹阮、息气、锣板、歌唱、散耍等人，叫做'赶趁'；又有老妪以小垆炷香为供，叫做'香婆'。"《永乐大典》卷之七千六百三："使棒作场朱来儿、打硬孙七郎……鹤儿头、鸳鸯头、一条黑斗门桥白条儿，踢弄吴全脚耍大头，谈诨话蛮张四郎，散耍杨宝兴陆行、小关西。"

手脚

武义，本领。

手：徒手搏击，引申为"搏击的本领"。《汉书》卷五七上："生貔豹，搏豺狼，手熊黑，足野羊。"颜师古注："手，言手击杀之。"

"手脚"引申为"武艺，本领"。《水浒传》第七回："俺且走向前去，教那厮看洒家手脚。"《碧岩录》卷八："如排两阵突出突入，七纵八横，有斗将的手脚，有大谋略的人，匹马单枪，向龙蛇阵上，出没自在，尔怎么生围绕得他。"《碧岩录》卷二："若不是云门，也不奈他何。云门有这般手脚，他既将问来，不得已而应之。"

手眼

武术，本领。

《西游记》第八四回："众贼道：'走江湖的人，都有手眼。看这柜势重，必是行囊财帛锁在里面。我们偷了马，抬柜出城，打开分用，却不是好？'"《古本水浒传》第四十九回："桓奇已死，只剩下个金必贵，第逢栾廷玉出阵，他常在马后助战，分了人家手眼，以此不能取胜。"《黄漳浦文选》卷二："毁瓦不可复全，破叶不可复绵，奸邪之权术十倍于臣，盗贼之手眼又十倍于臣，而臣以至拙至朴应之，无一事不落人后。"上述诸例中的"手眼"都是"武术，本领"之义。

太平

战争或武术比赛等的胜负，输赢。

《全相平话五种·七国春秋平话》卷上："白起曰：'好也要，歹也要！若有良将，愿求出阵，定个太平。'"《秦并六国平话》卷中："周霸不赶，在阵上高叫：'秦将愿出阵分过太平。'"

淘真

说唱艺术的一种。

《尧山堂外纪》："杭州瞽女唱古今小说评话，谓之陶真。"明郎瑛《七修类稿·辩证上·小说》："《闾阎淘真》之本之起，亦曰：'太祖、太宗、真宗帝，四帝仁宗有道君。'"《杭州府志》卷七十四："杭州男女，瞽者多学琵琶，唱古今小说平话以觅衣食，谓之淘真。大抵说宋时事，盖汴京遗俗也。"

下三面

即：下三路。指的是下身的前、左、右三部分。

《全元杂剧·刘千病打独角牛》："孩儿也，你使的是上三路，下三路，中三路，可是那一路拳？你一发对我说一遍咱。"《水浒传》第三八回："李逵一把揪住那人头发，那人便逴他下三面，要跌李逵。"《水浒传》第七十四回："燕青只瞅他下三面。任原暗忖道：'这人必来算我下三面。你看我不消动手，只一脚踢这厮下献台去。'"例中的"下三路""下三面"语义相同，都是指腹部以下的身体部位，一般是腹、裆、腿。

献台

比赛等使用的擂台。

《水浒传》第七十四回："今日幸遇此机会，三月二十八日又近了，小乙并不要带一人，自去献台上，好歹攀他撷一交。若是输了，撷死永无怨心。"此处的"自去献台上，好歹攀他撷一交"就是"到擂台上摔跤"。《五代汉史平话》卷上："又行至灌口二郎庙里，又撞着六个在那献台上赌博，知远又将这钱去入头共赌，不数颠又被那六个秀才赢了。"此处的"在那献台上赌博"就是"在比赛使用的台子上赌博"。又，《秦并六国平话》卷下："便殿砖铺红玛瑙，献台石砌碧琉璃。"

厮扑　小厮扑

"厮扑""小厮扑"语义皆为"相扑，摔跤"。

《清平山堂话本·杨温拦路虎传》："我这员外，件件不好，只好两件：厮扑、使棒。"《清平山堂话本》卷四："茶博士道：'官人，你却何恁的本事。我这员外，件件不好，只好两件：厮扑、使棒。'"《全元杂剧·刘千病打独角牛》："我怎肯主着面拳厮扑，和他两个厮揸，你看我倒蹬儿智厮瞒由咱摆划。俺两个硬厮并暗厮算，浓闹里休着那布束解。"《水浒传》第七十三回："为何李逵怕燕青？原来燕青小厮扑天下第一，因此宋公明着令燕青相守李逵。"

圆情

踢球，踢球游戏。

《明珠缘》第二十二回："一个钩带起来，一个接着一拐打来，张泛的张不住，那球飞起，竟到进忠面前。进忠将身让过，使一个倒拖船的势，踢还他。那女子大喜，叫个小黄门扯进忠来踢。进忠下场，略踢了几脚，又有个宫妃要来圆情。"《说唐》第十二回："那各处抛球的把持，尽来看美女圆情。"《隋史遗文》第二十回："什么人喝采？乃圆情的抛声。谁人敢在兵部射圃圆情？就是宇文述的公子宇文惠及。"

圆社

1. 踢球的团体。

"圆"有"球"义。《金瓶梅词话》第十五回："亦有《朝天子》一词，单道这踢圆的始末为证。"清蒲松龄《聊斋志异·小翠》："刺布作圆，蹴蹴为笑。""社"为"团体，社团"。岳飞《梁兴渡河状》："飞先来结约太行山忠义保社，密为内应。"《宋史·苏轼传》："沿边弓箭社与寇为邻。"故，"圆社"为"踢球的团体，踢球的团队"。陈元靓《事林广记续集·文艺·圆社摸场》："四海齐云社，当场蹴气球，作家偏着所，圆社最风流。"《幽兰居士东京梦华录》卷五："圆社摸场，四海齐云社，当场蹴气球。作家偏着所，圆社最风流。况是青春年少，同辈朋俦。"明代高明《琵琶记·牛氏规奴》："白打从来逞艺，官场自小驰名，如今年老脚踜蹭，圆社无心驰骋。"

2. 踢球的人

《水浒传》第二回："俺道是甚么高殿帅，却原来正是东京帮闲的圆社高二。"《金瓶梅词话》第十五回："西门庆次教桂姐上来与两个圆社踢。"

一射　一射之地

弓箭的射程。

元关汉卿《望江亭》第三折："则你那金牌势剑身傍列，见官人远离一射，索用甚从人拦当者，俺只待拖狗皮的拷断他腰截。"《封神演义》第九十三回："步马相交，有七八回合，姜文焕拨马便走。金、木二吒随后赶来。约有一射之地，金吒对东伯侯曰：'今夜二更，贤侯可引兵杀至关下，吾等乘机献关便了。'"《全相平话五种·三国志平话》卷上："先锋刘备并到，约离城一射地下寨。"

打马

古代的一种博戏。

马：投壶胜算曰马。《礼记·投壶》："为胜者立马，一马从二马，三马既立，请庆多马。"郑玄注："立马者，取算以为马，表其胜之数也。谓算为马者，马为威武之用，投壶及射，皆以习武也。"《字汇补》："打马，弹碁类也。宋李易安有《打马图》。"宋陆游《乌夜啼》词："冷落秋千伴侣，阑珊打马心情。"《警世通言》第十九卷："散以披襟，弹棋打马。古鼎焚龙涎，照壁名人画。当头竹径风生，两行青松暗瓦。"清蒲松龄《聊斋志异·梅女》"女曰：妾生平戏技，惟谙打马，但两人寥落，夜深又苦无局。今长夜莫遣，聊与君为交线之戏。"

打桃

辽金时期的比赛射柳击球的游戏。因球形如桃，故称"打桃"。如，金董解元《西厢记诸宫调》卷八："也不爱眈花恋酒，也不爱打桃射柳。"

打揭

一种游戏，赌博等。

黄庭坚《鼓笛令·戏咏打揭》："酒阑命友闲为戏。打揭儿、非常惬意。各自轮赢只赌是。赏罚采、分明须记。"《雨村词话》卷一："又一首云：'打揭儿非常惬意。又却跋翻和九底。'"宋李清照《〈打马图〉序》："打揭，大小，猪窝……之类，皆鄙俚不经见。"《脂粉斗浪》第三十六回："翟员外受了两次坑骗，吃了一场屈官司，到底气受不过，写了一张盗国娼妖、通贼谋叛的状，细开单款八十余条，将那徽宗末年迷惑道君、私通叛党的事，备细打揭。"

杂手艺

杂技，杂耍。

《都城纪胜·闲人》："又有专以参随服事为生，旧有百事皆能者，如纽元子，学像生，动乐器，杂手艺，唱叫白词，相席打令，传言送语，弄水使拳之类，并是本色。"《默记》卷下："一日，有歧路人献杂手艺者，作踏索之伎。已而掷索向空，索植立，遂缘索而上，快若风雨，遂飞空而去，不知所在。"《清平山堂话本》卷四："明日是岳命生辰，你每是东京人，何不去做些杂手艺？"《东京梦华录》卷七："耐得翁都城纪胜。杂手艺皆有巧名。踢瓶、弄椀、踢磬、弄花鼓椎、踢墨笔……小则剧术、射穿弩子、打弹、攒壶瓶、手影戏、弄头钱、变线儿、写沙书、改字。"

争交

摔跤，角力。

《都城纪胜·瓦舍众伎》："相扑争交，谓之角抵之戏，别有使拳，自为一家，与和扑曲折相反，而与军头司大士相近也。"《水浒传》第八十回："卢俊义却也醉了，怪高太尉自夸天下无对，便指着燕青道：'我这个小兄弟，也会相扑。三番上岱岳争交，天下无对。'"《水浒传》第七十三回："闻他两年，曾在庙上争交，不曾有对手，白白地拿了若干利物。"

交手

搏斗。

《初刻拍案惊奇》卷三："举子一夜无眠，叹道：'天下有这等大力的人！早是不曾与他交手，不然，性命休矣。'"《大宋宣和遗事·贞集》："云方欲辨明，而众军已交手杀之矣。"《东西晋演义》第十五回："二后相骂，将欲交手，左右宫人急劝解之，送皇太后杨氏回宫。"《二刻拍案惊奇》卷二："两张椅东西对面放着，请两位棋师坐着交手，看的人只在两横长凳上坐。"

哪吒社

打擂台角力的社团。

把戏

技艺杂耍。

明刘若愚《酌中志·内臣职掌纪略》："所扮者备极世间骗局丑态……杂耍把戏等项。"清李渔《闲情偶寄·词曲下·格局》："如做把戏者，暗藏一物于盆盎衣袖之中，做定而令人射覆。"《今古奇观》第五十七卷："邵氏着了忙，便引颈受套，两脚蹬开凳子，做一个秋千把戏。"《全元杂剧·邯郸道省悟黄粱梦》："功名二字，如同那百尺高竿上调把戏一般，性命不保，脱不得酒色财气这四般儿。"

泅

游泳运动，即"泅水，凫水"。

《水浒传》卷之九十四："小弟今欲从湖里泅水过去，从水门中暗入城去，放火为号。"《水浒全传》第三十八回："李逵正在江里探头探脑，假挣扎泅水。"

转踏

宋代的一种歌舞表演形式。

王国维《宋元戏曲考·宋之乐曲》："其歌舞相兼者

则谓之传踏，亦谓之转踏，亦谓之缠达。北宋之转踏恒以一曲连续歌之，每一首咏一事，共若干首，则咏若干事。然亦有合若干首而咏一事者。"《全宋词·调笑转踏》："上助清欢。女伴相将，调笑入队。"朱竹垞《群雅集·序》："终宋之世，乐章大备，四声二十八调，多至十余曲，有引，有序，有令，有慢，有近，有犯，有赚，有歌头，有促迫，有摊破，有摘遍，有大遍，有小遍，有转踏，有转调，有增减字，有偷声。"

把势

武艺的架势。

《醒世姻缘传》第六十七回："那回子平日是晓得些把势的人，谁知触怒了凶神，什么把势还待使得出来？叫他就像驱羊遭狗相似。"《英烈传》第七十七回："在云头一望，但见伪夏戴寿等，在城中演练猢狲，教他拖抢舞棍，抢箭夺刀的把势。"《喻世明言》第三十九卷："自小学得些枪棒拳法在身，那时抓缚衣袖，做个把势模样。"

射柳

宋元时期驰马射柳的游戏。

《大金国志·附录三》："其节序，元旦则拜日相庆；

重午则射柳祭天。"《明太宗实录》卷一百六十四："上御东苑，观击球射柳，赐文武群臣钞，有差文武进诗者，加赐酒帛。"《金史》卷九："戊午，拜天于西苑。射柳、击球，纵百姓观。"《明史》卷五七："永乐时，有击球射柳之制。十一年五月五日幸东苑，击球射柳，听文武群臣四夷朝使及在京耆老聚观。"

调百戏

表演杂技。

《全元杂剧·两军师隔江斗智》："我做将军惯对垒，又调百戏又调鬼。在下官名是刘封，表德唤做真油嘴。"《绣像金瓶梅词话》第八十八回："春梅听见妇人死了，整哭了两三日，茶饭都不吃。慌了守备，使人门前叫了调百戏的货郎儿进去，要与他观看，只是不喜欢。"《绣像金瓶梅词话》第八十九回："老爷在新庄，差小的来请小奶奶看杂耍调百戏的。"

捶丸

用棒击球的游戏。

《广韵·桓韵》："丸，弹丸。""弹"即为"丸"，小圆球形的物体。《丸经·处用》："错丸弃之。"注："错击他人球者算输。""捶丸"就是用棒击。

球。《全元杂剧·逞风流王焕百花亭》:"折莫是捶丸气球,围棋双陆,顶针续麻,拆白道字,买快探阄。"元宁志老人《〈丸经〉序》:"捶丸,古战国之遗策也……至宋徽宗、金章宗皆爱捶丸。盛以锦囊,击以彩棒,碾玉缀顶,饰金缘边,深求古人之遗制而益致其精也。"元无名氏《百花亭》第二折:"折莫是捶丸气球,围棋双陆,顶针续麻,折白道字。"

排场

游乐场所。

《吏学指南》:"禁止诸色杂人游乐甘闲,乞觅投散,提绳把索,三教九流,师巫乐戏排场。兵卒官吏不得聚敛搔扰诱说,不惟吞食民财,大误国家徭役,利害甚大。"《辽金元宫词》第二部分:"传奇杂剧竞排场,末旦装成出教坊。跷索上竿陈百戏,隔墙又听打连厢。"《牡丹亭》第五十二出:"到长安日边,到长安日边。果然风宪,九街三市排场遍。"

唱赚

宋代的一种说唱游戏。

《东京梦华录》卷九："耐得翁都城纪胜。唱赚在京师日，有缠令缠达，有引子尾声。"况周颐《蕙风词话续编》卷一："右词数阕，当时踢球唱赚之法，藉存概略，犹有风雅之遗意焉。"《永乐大典》：卷七千六百三："装神鬼谢兴歌，舞番乐张遇喜水傀儡，刘小仆射，影戏尚保仪贾雄。卖嘌唱樊华，唱赚濮三郎、扇李二郎、郭四郎。"

脚手

武艺。

《全元南戏·杀狗记》："小二把衣袖抽，倒拽横拖，身不自由。衣服准房钱，胡乱可受。休得迟延，吃吾脚手。"《三朝北盟会编》卷第二百三十五："恩涛言：'不须如此，公后生脚手轻快，且自看势头。'"《永乐大典》卷一万三千九百九十一："前日不是我走得疾，险些个遭小孙屠脚手。"

做排场

表演技艺。

"排场"谓"登台演出"。清曹雪芹《题敦诚〈琵琶行〉传奇》诗："白傅诗灵应喜甚，定教蛮素鬼排场。"故，"做排场"为"表演技艺"。《汉钟离度脱蓝彩和》第一折："这个先生，你去那神楼上或腰棚上看去，这里是妇人做排场的，不是你坐处。"

棘盆

用荆棘围成的临时戏场。

《续资治通鉴长编》卷四百五十六："高丽国、三佛齐国进贡使副以下，擅入棘盆观看，奉诏馆伴、押伴官等并特放罪。"孟元老《东京梦华录》卷六："自灯山至宣德门楼横大街，约百余丈，用棘刺围绕，谓之棘盆，内设两长竿……纸糊百戏人物，悬于竿上，风动宛若飞仙。内设乐棚，差衙前乐人作乐杂戏。"毛奇龄《西河文集》卷五十："两檐间并无山棚露栏，并棘盆彩竿之见于街陌，而九门喧然。"

散耍

杂耍。

宋周密《诸色伎艺人》："散耍：杨宝、陆行、庄秀、沈喜、姚菊。"《西湖二集》第十一卷："又有吹箫、弹阮、息气、锣板、歌唱、散耍等人，叫做'赶趁'。"《永乐大典》卷七千六百三："踢弄吴全脚耍大头，谈诨话蛮张四郎，散耍杨宝兴陆行、小关西。"宋灌圃耐得翁《都城纪胜·瓦舍众伎》："杂扮或名杂旺，又名纽元子，又名技和，乃杂剧之散段……今之打和鼓、捻梢子、散耍皆是也。"

滑熟

武艺熟练。

《全元杂剧·狄青复夺衣袄车》："他入手轻轮，武艺滑熟。这口刀落与你介胄，抵一千个壮士凝眸。"《全元杂剧·诸葛亮博望烧屯》："张将军不索气长吁，也不索你大叫哎高呼。我着你吞声窨气自然伏，你休卖弄你那武艺滑熟。"明陈大声《上马娇·秦淮午日泛舟》套曲："他任转旋，相抵触，也是他操演太滑熟。"

解数

1. 本事，本领

《西游记》第七十三回："大圣神光壮，妖仙胆气粗。浑身解数如花锦，双手腾那似辘轳。乒乓剑棒响。惨淡野云浮。"《浪蝶偷香》第二十回三："闻之，大悟，使出浑身解数，狠顶狠抽，似蛇儿吐信，又似蜻蜓点水。"

2. 武术套路

《西游记》第七十三回："行者见了越生嗔怒，双手轮铁棒，丢开解数，滚将进去乱打。"《水浒传》第一〇四回："王庆也拽双拳，吐个门户，摆开解数，与那女子相扑。"《西游记》第三回："悟空见了，跑近前接在手中，丢几个架子，撒两个解数，插在中间道：'也还轻，轻，轻！'"

撒演

表演技艺。

《全元散曲·萨都剌》："对泛处使穿膁抹膝的揎搭，俊处使佛袖沾衣的撒演，妆翘处使回身出鬂的披肩。"《全元散曲·邓玉宾》："却便似孤凤求凰下九霄，膁儿靠手儿招，撒演的个庞儿慌张了。"《雍熙乐府》卷之十一："论风流蹴踘最为魁，另一种可人博戏锦排场，多俊雅俏家风，甚清奇。名号云：'齐撒演的有仁义'。"

旗鼓

枪棒等武艺的架势等。

《水浒传》第二回："王进去枪架上拿了一条棒在手里，来到空地上，使个旗鼓。那后生看了一看，拿条棒滚将入来，径奔王进。"

敷演

表演技艺。

《水浒传》第五七回："徐宁将正法一路路敷演，教众头领看。"《大唐秦王词话》第二十三回："龙马虽是尉迟恭收来，不知怎么样降伏。如今着他把降龙马的本事，敷演一番，与主公观看。"《媚史》第二十回："又取一小锡杖，权为长矛，习传武艺，敷演渐渐精熟。"《秦王传奇》第23回："尉迟取了棍，走下厅阶，抖擞神威，敷演武艺。"

撮弄

杂技中的变戏法。

宋周密《武林旧事·干淳奉亲》："又有踏混木、水傀儡、水百戏、撮弄等，各呈伎艺。"《韩湘子全传》第十七回："你这羊、鹤、女子，都是那撮弄幻术，不足为奇。"《西湖二集》第二卷："至于吹弹舞拍、杂剧撮弄、鼓板投壶、花弹蹴踘、分茶弄水、踏滚木、走索……吞刀吐火、烟火、起轮、走线、流星火爆、风筝等样，都名为'赶趁人'"。《西游记》第八十八回："一壁厢叫承应的歌舞吹弹，撮弄演戏。"

傩

古代的一种驱逐巫舞的形式，后演变为一种舞蹈。

《吕氏春秋·季冬纪》："命有司大傩，旁磔，出土牛，以送寒气。"高诱注："今人腊岁前一日击鼓驱疫谓之逐除是也。"《后汉书·礼仪志中》："先腊一日，大傩，谓之逐疫。"《论语·乡党》："乡人傩，朝服而立于阼阶。"何晏注："孔曰：傩，驱逐疫鬼。"《乐府杂录·驱傩》："衣熊裘，执戈扬盾，口作傩傩之声以除逐也。"《老学庵笔记》卷一："政和中大傩，下桂府进面具，比进到，称'一副'。"陆游《节物》："节物犹关老病身，乡傩佛粥一年新。"

蹴鞠

古代的足球运动。

《刘向·别录》："蹴鞠，黄帝所造，本兵势也。或云起于战国。古人蹋蹴以为戏。"《初学记》："鞠即球字，今蹴鞠曰戏球。古用毛纠结为之。今用皮，以胞为里，嘘气，闭而蹴之。或以韦为之，实以柔物，谓之球子。鞠，亦作踘。又蹴踘之处曰球场，胜者所得谓之球采。"《后汉书·梁冀传》："性嗜酒，能挽满、弹棋、格五、六博、蹴鞠、意钱之戏。"李贤注引汉刘向《别录》："蹴鞠者，传言黄帝所作，或曰起战国之时。蹴鞠，兵执也，所以讲武以知材也。"《史记·扁鹊仓公列传》："处（项处）后蹴踘，要蹶寒，汗出多，即呕血。"《明史》卷三〇四："忠利大盗张茂财，结为弟，引入豹房，侍帝蹴鞠。"

蹴球

踢球。

《东城老父传》："角牴万夫，跳剑寻橦，蹴球踏绳，舞于竿颠者，索气沮色，逡巡不敢入，岂教猱扰龙之徒钦？"白居易《洛桥寒食日作十韵》："上苑风烟好，中桥道路平。蹴球尘不起，泼火雨新晴。"《三遂平妖传》第九回："门迎黄道，山接青龙，路列著几树槐阴，面对着一泓塘水，打麦场，平平石碾，正好蹴球。"《宋史》卷一四二："百戏有蹴球、踏跷、藏擫、杂旋、狮子、弄枪、铃瓶、苍碗、毡踺、碎剑、踏索、上竿、筋斗、擎戴、拗腰、透剑门、打弹丸之类。"

冰嬉

冰上的嬉戏运动，该种运动始于清代初期。

泽夫《北国冰嬉》："北国天寒，每届冬季，例有溜冰戏。此戏始于清初，称为冰嬉。"《榆巢杂识·冰嬉之技》："每岁冬间，太液冰坚，令八旗与内府三旗简习冰嬉之技，分棚掷采球，互程趫捷。并设旌门，悬的演射。用娴步伐止齐之节。"清高宗《冰嬉赋序》："国俗有冰嬉者，护膝以苫，牢鞒以韦，或底含双齿，使啮凌而人不踣焉；或荐铁如刀，使践冰而步愈疾焉。"徐珂《清稗类钞》："十二月于西苑三海阅冰嬉，御前侍卫率八旗兵队奔驰，张弓挟矢，分树五色旗，以为次第。"

马球

球类运动的一种。

《月令粹编》引《玉海》："宝历二年六月二十八日，御三殿观两军教坊内园分朋作驴鞠马球之戏，至二更方罢。"《全史宫词》卷十三："马球驴鞠两棚支，罨画轻衫漾晚。"

举重

本为"举起重物"，后为体育运动项目的一种形式。

《厚生训纂》卷六："无作博戏，强用气力，无举重，无疾行，无喜怒，无极视，无极听，无太用意，无太思虑，无吁嗟。"《锦身机要》卷中："舒两手如举重者，以两手如提物也。左右如之，遍身调畅，疾病可除也。"《普济方》卷四百二十二："有舍弟少戏举重。得偏坠之疾。有客人为当关元两旁相去各三寸青脉上。"

宾射

周代的礼制之一，先宴饮，尔后行射箭比赛。

《周礼·春官·大宗伯》："以宾射之礼，亲故旧朋友。"贾公彦疏："宾射之礼者，谓行燕饮之礼，乃与之射，所以申欢乐之情。"《礼·射义》："古者，天子以射选诸侯卿大夫士。射者，男子之事也，因而饰之以礼乐也。又射之为言，绎也。各绎已之志也，故射者心平体正，持弓矢审固。持弓矢审固，然后中。又射义有大射、宾射、燕射。"《仪礼·乡射》："礼某御于子。西阶上北面。作众宾射。司射降搢扑。"

燕射

古代射礼之一。

《周礼·春官·乐师》："燕射，帅射夫以弓矢舞。"孙诒让正义："燕射者，王与诸侯、诸臣因燕而射。《梓人》注云：'燕谓劳使臣，若与群臣饮酒而射。'是也。"《魏书》卷一一："夏四月癸卯，幸华林都亭燕射，班锡有差。"宋周密《武林旧事·燕射》："淳熙元年九月，孝宗幸玉津园，讲燕射礼……皇帝第二箭射中，皇太子已下，各再拜称贺，进御酒。"

弓射

用弓箭射击。

《北史》卷三四："下置官属，分为三军：二万人专习弓射。二万人专习刀盾，二万人专习骑槊。"《魏书·高闾传》："下置官属，分为三军，二万人专习弓射，二万人专习戈盾，二万人专习骑稍。"明唐顺之《都督沈紫江生墓碑记》："广俗尚弩而公独精弓射，能挽强命中。"《初学记》卷二十二："《晋令》曰：弓弩士习弓射者，给竹弓、角弓，皆二人一张。"

骑射

骑马射箭。

《战国策·赵策二》："今吾将胡服骑射，以教百姓，而世议寡人矣。"《百战奇法》第二卷："以便宜置吏，市租皆输入幕府，为士卒费。日击数牛享士，习骑射，谨烽火，多间谍。"《北梦琐言》卷十七十三："读《春秋》，略知大义，骑射绝伦，其心豁如，采录善言，听纳容物，殆刘聪之比也。"

角力

"角"，"比试，竞争"之义。《广韵·角韵》："角，竞也。"故，"角力"为"徒手相搏，格斗"，演变为现代就是摔跤运动。《北史》卷三三："其奴尝与乡人董震因醉角力，震扼其喉，毙于手下。"《藏书》卷十二："今若加显绝，便当移兵东伐，与之角力。"《朝野佥载》卷二："北齐稠禅师，邺人也，幼落发为沙弥。时辈甚众，每休暇，常角力腾趠为戏。"《春秋列国志传》第四十八回："但姑与君之士卒角力相戏，使臣与君凭轼而离目焉！"

射御

射击与驾驭马匹之术。

《礼记·王制》："凡执技以事上者，祝史、射御、医卜及百工。"《书·秦誓》："仡仡勇夫，射御不违。"《抱朴子·外篇》卷三："夫斲削刻画之薄伎，射御骑乘之易事，犹须惯习，然后能善。"《北史》卷二五："和其奴，代人也。少有操行，善射御。"《晋书》："古者重武事，贵射御。"《汉官六种·汉官旧仪》："民年二十三为正，一岁而以为卫士，一岁为才官骑士，习射御骑驰战阵。"

投石

又叫"投石超距"，古代的一种习武练功活动。

《史记·王翦传》："方投石超距。"司马贞索隐："超距，犹跳跃也。"《前汉·甘延寿传》："投石拔距。"应劭曰："拔距，即超逾。"张晏曰："拔距，超距也。"南朝梁沈约《郊居赋》："阙投石之猛志，无飞矢之丽辞。"《法书要录》卷五："若投石拔距，怒目扬眉。"《韩诗外传》卷十："意者、将使我投石超距乎？追车赴马乎？"《建炎以来系年要录》卷一百八十一："建昌四郡之民，轻剽勇悍，经涉险阻，习以为常。平居则投石超距，椎牛伐冢，聚为小盗而为奸雄之资。"

弄丸

古代的一种杂耍技艺。

《庄子》："市南熊宜僚，楚勇士，善弄丸。"唐刘知几《史通·言语》："战国虎争，驰说云涌，人持弄丸之辩，家挟飞钳之术。"《三朝北盟会编》卷第二十："鸣钲击鼓，百戏出场。有大旗、狮豹、刀牌、砑鼓、踏跷、踏索、上竿、斗跳、弄丸、挝簸箕、筑球、角抵、斗鸡、杂剧等。"《史通·内篇》："战国虎争，驰说云涌，人持《弄丸》之辩，家挟《飞钳》之术，剧谈者以谲诳为宗，利口者以寓言为主。"

角抵

我国古代体育活动项目之一。与现代的摔跤类似。

《北史》卷七七："都邑百姓每至正月十五日，作角抵戏，递相夸竞，至于糜费财力。"《兵法心要》："春秋末，并为战国。增进武之礼，以为戏乐，用相夸竞。而秦更名曰角抵。"《藏书》卷三："三年春，作角抵戏，三百里内皆来观。"《大金国志》卷三："金国素无城郭、宫室，就以所居馆燕，悉用契丹旧礼。如结彩山、作倡乐、寻幢角抵之伎、斗鸡击鞠之戏，与中国同。"

履索

汉代百戏之一种。亦称"走索"、"舞绠"、"高桓之戏"。演员在高悬的独索上，表演出各种动作来。

《全后汉文》卷五十："或以驰骋，覆车颠倒。乌获扛鼎，千钧若羽。吞刃吐火，燕跃鸟峙。陵高履索，踊跃旋舞。"《梁元帝纂要》："百戏起于秦汉，有鱼龙蔓延，高绠五案，跟挂腹旋，履索转石诸戏。"《淳熙三山志》卷四十："又为纸偶人，作缘竿、履索、飞龙、戏狮之像，纵士民观赏。"《经济汇编》第四十九卷："或以驰骋、覆车、颠倒、乌获、扛鼎、千钧、若羽、吞刀、吐火、燕跃、鸟跱、陵高、履索、踊跃、旋舞、飞丸、跳剑。"

扛鼎

举鼎。犹如今天的举重。

《周礼·天官·膳夫》："王日举鼎，十有二物，皆有俎。"郑注："鼎有十二，牢鼎九，陪鼎三。"《史记·秦本纪》："王与孟说举鼎，绝膑。"正义曰："膑，胫骨也。"《崇祯长编》卷二十五一："弃疾如仇，半字不闻，启事独于香火情深，臭味相投之。两邪臣拔山举鼎，全力注之。"《春秋列国志传》第六十四回："姬辇题罢，抠衣向殿前用手举鼎，去地三尺，满面通红，列国群臣鼓角齐鸣，同声喝彩！"

击鞠

击球的游戏。鞠，古代的一种使用皮革等制成的球。

《北梦琐言·逸文》卷三："明宗始为太原将帅，二主军职未高，因击鞠入赵襄子庙，俱见土偶避位而立，甚讶之，潜亦自负。"《碧鸡漫志》卷四："元宗留心内宠，宴私击鞠无虚日。"《册府元龟》卷一百十："贞元元年二月寒食节，命昭义节度使李抱真，山南西道节度使严振，与神策金吾六军，使击鞠于内殿。"《初刻拍案惊奇》卷三十："至于击鞠、弹棋、博弈诸戏，无不曲尽其妙。"

投壶

古代的一种娱乐活动。使用矢投向盛酒的壶口，以投中多少决胜负。

《北史》卷九四："有鼓角、箜篌、筝笛、篪笛之乐，投壶、樗蒲、弄珠、握槊等杂戏。"《宾退录》卷四："余谓酒令盖始于投壶之礼，虽其制皆不同，而胜饮不胜者则一。"《藏书》卷十八："若乃州闾之会，男女杂坐，行酒稽留，六博投壶，相引为曹。"《朝野佥载》卷六："薛慎惑者，善投壶，龙跃隼飞，矫无遗箭。"

导引

养生术的一种。

唐慧琳《一切经音义》卷十八："凡人自摩自捏，申缩手足，除劳去烦，名为导引。若使别人握搦身体，或摩或捏，即名按摩也。"《抱朴子·内篇》卷十二："内视反听，呼吸导引，长斋久洁，入室炼形，登山采药，数息思神，断谷清橼哉？"《素问·异法方宜论》："其民食杂而不劳，故其病多痿厥寒热，其治宜导引按跷。"

弈棋

下棋。

弈，下棋。《左传·襄公二十五年》："弈者举棋不定，不胜其耦。"《北史》卷五六："初，子建为前军将军，十年不徙，在洛闲暇，与吏部尚书李韶、韶从弟延实颇为弈棋，时人谓为耽好。"《菜根谭》："钓水，逸事也，尚持生杀之柄；弈棋，清戏也，且动战争之心。"《藏书》卷五："齐主博学，善属文，工草隶书，弈棋第二品。"《陈书》卷二九："申早有风概，十四便善弈棋。"

秋千

传统体育游戏之一种。

《梼杌闲评》第二十二回："一局才终，只听得背后笑语喧闹，走来看时，见杨柳丛中露出一座秋千架来，有十数个宫娥在那里打着戏耍。"《宾退录》卷六："夜分围榾柮，朝聚打秋千。折竹装泥燕，添丝放纸鸢。"元好问《辛亥寒食》诗："秋千与花影，并在月明中。"《二刻拍案惊奇》卷三十四："日长夜永，无事得做，无非是抹骨牌，斗百草，戏秋千，蹴气，消遣过日。"

围棋

棋类之一种。又围棋曰弈。弈者，落弈之义。《孟子》："弈秋，通国之善弈者也。"马融《围棋赋》："乍缓乍急兮上且未别，黑白纷乱兮于约如葛。"《抱朴子·内篇》："世人以人所尤长，众所不及者，便谓之圣。故善围棋之无比者，则谓之棋圣。"《藏书》卷四："桓谭、蔡邕善音乐，冯翊山子道、王九真、郭凯等善围棋，操皆与埒能。"《三国志·魏书·王粲传》："观人围棋，局坏，粲为覆之。棋者不信，以盖局，使更以他局为之，用相比较，不误一道。"

球戏

打球娱乐的活动。

《新唐书》卷二二三下："全忠阴令汴人数百应募，以其子友伦入宿卫。会为球戏，坠马死，全忠疑胤阴计，大怒。"殷夫《孩儿塔》："只我得何时，和你共作球戏？"

六搏

又写作"六簙"。古代的一种博彩游戏。

《楚辞·招魂》:"菎蔽象棋,有六簙些。分曹并行,
遒相迫些。成枭而牟,呼五白些。"王逸注:"投六箸,行
六棋,故为六簙也。言宴乐既毕,乃设六簙,以菎蔽为
箸,象牙为棋,丽而且好也。"《后汉书·梁冀传》:"梁冀
性嗜酒,能挽满、弹棋、格五、六博、蹴鞠、意钱之戏。"

木射

古代球戏的一种。

《宾退录》卷四:"晁子止侍郎《郡斋读书志》又有
《木射图》一卷,云唐陆秉撰,为十五笋,以代侯击地球
以触之。"《郡斋读书志》卷十五:"《木射图》一卷。右
唐陆秉撰。为十五笋以代侯,击地球以触之,笋饰以朱
墨字,以贵贱之。朱者,仁、义、礼、智、信、温、良、
恭、俭、让、墨、者、慢、傲、佞、贪、滥。仁者胜,滥
者负,而行一赏罚焉。"

护臂

1. **防护性的器械。古代为技击时保护胳膊的器械。**

古代的护臂

2. 保镖

《全元杂剧·谢金吾诈拆清风府》："哥哥，我知道多时了。我与哥哥做个护臂，咱同共入城，探母亲去。"元张国宾《合汗衫》第一折："我这家私里外，早晚索钱，少个护臂。"《隋唐两朝志传》第五十一回："却说寻相折了慕容盛、耶律师光两个左右护臂，势孤力穷。"《三国志通俗演义》卷之十一："休留在馆驿中，免得生事。玄德暗喜，为有护臂在近，不惧伤害。"

相扑

中国古代传统体育项目的一种。古代称为角抵，现代称为摔跤。

《北齐书》卷一二："后主不忍显戮，使宠胡何猥萨后园与绰相扑，扼杀之。"《都城纪胜·瓦舍众伎》："相扑争交，谓之角抵之戏，别有使拳，自为一家，与和扑曲折相反，而与军头司大士相近也。"《古尊宿语录》卷十八："师乃揎拳云：'我共你相扑一交得么？'无对。次日其僧再上。"《东京梦华录》卷八："自早，呈拽百戏。如上竿、趯弄、跳索、相扑、鼓板小唱、斗鸡、说浑话、杂扮、商谜、合笙。"

五禽戏

模仿五种禽兽（虎、鹿、熊、猨、鸟）的动作和姿态，以进行健身为目的的运动。相传为华佗创造。

《初学记》卷十五："抑扬百兽舞，盘跚五禽戏；猭猵弄班足，巨象垂长鼻。"《后汉书·方术传下·华佗》："佗语普曰：'人体欲得劳动，但不当使极耳……吾有一术，名五禽之戏，一曰虎，二曰鹿，三曰熊，四曰猨，五曰鸟。亦以除疾，兼利蹄足，以当导引。体有不快，起作一禽之戏，怡而汗出。因以着粉，身体轻便而欲食。'"《养生导引法·五禽戏法》："夫五禽戏法，任力为之，以汗出为限，轻身，消谷气，益气力，除百病，佗行之年过万岁，教传弟子广陵吴普亦得延年长寿。"

幢

古代常指在军事指挥，舞蹈表演中使用的旗帜。

《说文新附·斤部》："幢，旌旗之属。"《韩非子·大体》："车马不疲弊于远路，旌旗不乱于大泽，万民不失命于寇戎，雄骏不创寿于旗幢。"

筑球

球类的一种。

《都城纪胜·瓦舍众伎》："杂手艺皆有巧名……筑球，弄斗，打硬，教虫蚁，及鱼弄熊，烧烟火，放爆杖，火戏儿，水戏儿，圣花，撮药，藏压药，法傀儡……写沙书，改字。"《东京梦华录》卷七："划船，辽绕数回，作语，乐作，钓出活小鱼一枚，又作乐，小船入棚。继有木偶筑球舞旋之类。"《独醒杂志》卷四："小白长红又满枝，筑球场外独支颐。"

竹马（戏）

古代儿童游戏时把竹竿当作马骑的一种游戏。

《太平御览》卷三百八十五："年六七岁，在县北郭与小儿辈为行竹马戏，有车行老公停车视之，叹曰：'此有奇相，吾恨不见。'"白居易《观儿戏》："堂上长年客，鬓间新有丝。一看竹马戏，每忆童騃时。"《出三藏记集》卷十三："越年七岁，骑竹马戏于邻家，为犬所啮，胫骨伤碎。"

乔像生

乔，古代戏曲术语，以滑稽的动作进行逗乐性的表演。乔像生就是杂以逗乐性表演动作的语言艺术。"像生"即为后来的相声。

《西湖老人繁胜录》："国忌日分、有无乐社会。恃田乐、乔谢神、乔做亲……乔像生、乔教象、习待诏、青果社、乔宅眷、穿心国进奉、波斯国进奉。"《乾淳岁时记》："舞队大小全棚傀儡……乔三教、乔迎酒……乔学堂、乔宅眷、乔像生、乔师娘、独自乔、地仙、早划船。"

踏橇

宋代百戏的一种，犹如今天的踩高跷。橇：古代用于在劣质路面上行走的一种工具，常常为木质。宋姜夔《越九歌·王禹吴调》词："珠为橇，玉为车。"

《万历野获编》卷二十四："古来惟弄猢狲为最巧，犹以与人类近也。至鸟衔字，雀衔钱，犬踏橇，羊鸣鼓，龟造塔，已为可怪。"《武林旧事》卷二："乔像生、乔师娘、独自乔、地仙、旱划船、教象、装态、村田乐、鼓板、踏橇、扑旗。"明徐渭《为杭人题画》诗之二："一处飞槌一踏橇，锣声鼓韵走儿曹。"自注："右打流星槌及踏高橇者。"

抱锣

宋代乐舞杂技的一种。

《永乐大典》卷七千六百三："踢弄每大礼后宣赦时，抢金鸡者，用此等人上竿打筋斗，踏跷，打交辊，脱索，装神鬼，抱锣，舞判，舞砑刀……"《东京梦华录》卷七："烟火大起，有假面披发，口吐狼牙烟火，如鬼神状者上场，着青帖金花短后之衣，帖金皂裤，跣足携大铜锣，随身步舞而进退，谓之抱锣。"

打娇惜

宋代的一种儿童舞蹈，属于百戏的一种。宋代周密《武林旧事》卷二"舞队"条："狮豹蛮牌、十斋郎、耍和尚、刘衮、散钱行、货郎、打娇惜，其品甚伙，不可悉数。"其中的"打娇惜"即归属为舞蹈类。另：《武林旧事》卷六："若夫儿戏之物，名件甚多，尤不可悉数，如相银杏、猜糖、吹叫儿、打娇惜、千千车、轮盘儿。"《都城纪胜·食店》："又有专卖小儿戏剧糖果，如打娇惜、虾须、糖宜娘、打秋千、稠饧之类。"

沙戏

宋代出现的一种绘有图案的纸质玩具。清代翟灏《通俗编》卷三十一："《梦粱录》：'大街四时玩具，有沙戏儿。'按：今以纸具藏沙少许，于其上为兜，下为椻，外缀以人物，弄者将沙倒注入兜，俾其渐洒于椻，则人物自能运动，即此也。"《梦粱录》把"沙戏"的游戏规则讲得非常清楚。《汉语大词典》"沙戏"条仅仅释义为："壮族戏曲剧种。流行于云南省文山壮族苗族自治州的广南县一带。相传清咸丰、同治年间由当地山歌演变而成。也叫广南壮剧。"未收录纸质玩具之义，当补录。

呼卢

古代博彩的一种。卢：古时樗蒲戏彩名。掷五子全黑者称卢，得彩十六，为头彩。《晋书·刘毅传》："（毅）因掷五木久之，曰'老兄试为卿答'，既而四子俱黑，其一子转跃未定，裕厉声喝之，即成卢焉。"明代张自烈《正字通》："呼卢：蒲搏戏。琼采有五，皆黑者曰卢。卢为最胜之采，故刘裕掊喝五木成卢。"《康熙字典》卷之二十四："呼卢，摴蒱戏，五子皆黑曰卢，最胜采也。"关于"呼卢"戏具的形状及游戏规则，明代方以智在《通雅·戏具》中有详尽的描述："则其形当长椭而尖，一子为两面，面一黑一白，黑画犊白画，雉投子者五，皆黑曰：卢。此为上采，故曰呼卢。"

斗鸡

以鸡相斗的博戏。"斗鸡"这种游戏起源较早，《墨子·小取》中已有记载："且斗鸡，非鸡也；好斗鸡，好鸡也。"后世逐渐发展普及。如宋·孟元老《东京梦华录》卷八："自早呈拽百戏，如上竿、趯弄、跳索、相扑、鼓板、小唱、斗鸡、说浑话……装鬼、砑鼓、牌棒、道术之类，色色有之。"这是宋代关于斗鸡的记录情况。"斗鸡"这种游戏对外族文化的影响亦颇大，如宋代北方的少数民族，如契丹等已经有汉地传入的"斗鸡"游戏，宋代徐梦莘《三朝北盟会编》卷二十有较好的记载："刀牌、砑鼓、踏跷、踏索、上竿、斗跳、弄丸、挝簸箕、筑球、角抵、斗鸡、杂剧等，服色鲜明，颇类中朝。"

驱傩

傩：古代的一种驱除鬼怪，驱除不祥的仪式，属于原始的巫舞仪式之一。《论语·乡党》："乡人傩，朝服而立于阼阶。"何晏注："孔曰：'傩，驱逐疫鬼。'"元·陈天祥《四书辨疑》卷六："尝闻故老所传，元旦间巷小儿数十为群，皆以五彩缠杖，唱和傩词，巡门以驱疫鬼，谓之驱傩。注所谓近于戏者，必此类也。"汉代以后，驱傩逐渐成为一种娱乐性的舞蹈，加强了娱乐的成分。宋周密《武林旧事》卷三："禁中以腊月二十四日为小节夜，三十日为大节夜，呈女童驱傩，装六丁、六甲、六神之类，大率如《梦华》所载。"宋代吴自牧《梦粱录》卷六："禁中除夜呈大驱傩仪，并系皇城司诸班直，戴面具，着绣画杂色衣装，手执金枪、银戟、画木刀剑……"

舞旋

舞旋，又称旋舞，古代的一种广泛分布于官方与民间的舞蹈形式，其根本特征是不拿舞蹈用的工具，徒手舞蹈且具有回旋性。宋代孟元老《东京梦华录》卷七："驾幸临水殿观争标锡宴划船，辽绕数回，作语，乐作，钓出活小鱼一枚，又作乐，小船入棚。继有木偶筑球舞旋之类，亦各念致语，唱和，乐作而已，谓之水傀。"《元史·志第十八·元正受朝仪》："侍仪使引班首由左阶陟，前行色乐作，至字下，乐止，舞旋至露阶立。"

勾栏

宋代出现的娱乐场所，宋元时杂剧和各种伎艺演出的场所。明代方以智《通雅·宫室》："宋有京瓦，通谓勾栏，其始名则犹栏干也。"宋代孟元老《东京梦华录·东角楼街巷》："街南桑家瓦子，近北则中瓦，次里瓦，其中大小勾栏五十余座。内中瓦子莲花棚、牡丹棚、里瓦子夜叉棚，象棚最大，可容数千人。"《元刊杂剧三十种·诸宫调风月紫云亭杂剧》："他那里问言多伤幸，絮得些家宅神常是不安宁。我勾栏里把戏得四五回铁骑，到家来却有六七场刀兵。"

踢弄

杂耍技艺的一种，以提瓶子，弄瓦等杂耍技艺为代表。该种杂技首现于宋代。宋代的文献有详细的记录，后来为逐代所继承。如宋吴自牧《梦粱录·百戏伎艺》："百戏踢弄家，每于明堂郊祀年分，丽正门宣赦时，用此等人，立金鸡竿，承应上竿抢金鸡。"宋代灌圃耐得翁《都城纪胜·瓦舍众伎》："踢弄，每大礼后宣赦时，抢金鸡者用此等人，上竿、打筋斗、踏跷。"《续通典·乐六·散乐》："明昌二年，禁伶人不得以历代帝王为戏，及称万岁。元驾前，承应有杂戏、飞竿、走索、踢弄、藏擫等伎。"

傀儡

本指用土木制成的偶像。如唐代吴兢《贞观政要·慎所好》："贞观七年，工部尚书段纶进巧人杨思齐至，太宗令试，纶遣造傀儡戏具。"《敦煌变文集新书》卷二："也似机关傀儡，皆因绳索抽牵，或舞或歌，或行或走。"后发展为木偶戏的代称，又名"提休"。扬雄《方言》："称傀儡戏曰休，亦曰提休。"《集韵》："苦猥切，从魁上声。今为木偶戏曰傀儡。"司马光《类篇》："傀儡，木偶戏。"明代谢肇淛《五杂俎·人部一》："南方好傀儡，北方好秋千，然皆胡戏也。"

则剧

嬉戏作乐。

《古今图书集成字学典·方言部汇考三·广东志书》：

"游乐曰则剧。按:《朱子语类》亦言则剧。闽广有此语。"宋代周密《武林旧事·德寿宫起居注》:"宣张婉容至清心堂抚琴,并令棋童下棋,及令内侍投壶、赌赛、利物、则剧。"《朱子语类》卷一〇四:"此等议论,恰如小儿则剧一般。"清李调元《南越笔记》:"角胜曰斗,转曰翻,饮食曰吃,游戏曰则剧,杂剧也。讹杂为则也。"

斗草

"斗草",又名"斗草戏",古代的一种游戏,以竞采花草的多少决定胜负。《程史》:"汉武帝作猜拳、斗草戏。又角力、角技,亦起于汉武帝。"《北里志·王团儿》:"无端斗草输邻女,更被拈将玉步摇。"此指在采花草的竞赛中败北于邻家之女。又如,南朝梁宗懔《荆楚岁时记》:"五月五日,四民并踏百草,又有斗百草之戏。"唐代郑谷《采桑》诗:"何如斗百草,赌取凤凰钗。"《辽金元宫词》(第二部分):"琼华岛近白云间,斗草拈花尽日闲。"

导引

又称"引导""引导术",古代的一种养生术,属于体育疗法的一种。

唐代慧琳《一切经音义》卷十八："凡人自摩自捏，申缩手足，除劳去烦，名为导引。若使别人握搦身体，或摩或捏，即名按摩也。"《素问·异法方宜论》："其民食杂而不劳，故其病多痿厥寒热，其治宜导引按跷。"《后汉书方术传》："古之仙者为导引之术，熊经鸱顾，引挽要体动，诸关节。关节犹言骨节也。"

明代方以智《通雅·身体》："汉志有《黄帝杂子步引》十二卷，梁肃有导引图。"

八段锦

中国古代具有悠久历史的一种传统健身方法。晋代葛洪《神仙传·栾巴》有详尽的描述："所谓八段锦六字，气特导引吐纳而已。不知气血寓于身而不可扰，贵于自然流通，世岂复知此哉！"另，宋代的洪迈在《夷坚乙志·八段锦》中也有详细的描摹："尝以夜半时起坐，嘘吸按摩，行所谓八段锦者。"

干戚舞

干戚舞，就是古代的一种操干戚的武舞。《国语辞典》："古代乐舞的一种，亦称武舞。"《礼记·乐记》："干戚之舞。非备乐也。"干戚：亦作"干戚"。盾与斧。

古代的两种兵器。亦为武舞所执的舞具。《诗·大雅·公刘》："弓矢斯张，干戈戚扬，爰方启行。"毛传："戚，斧也。"郑玄笺："干，盾也。"又称为"万舞"，《公羊传·宣公八年》："万者何？干舞也。"《大戴礼记·夏小正》："万也者，干戚舞也。"又跳万舞。《左传·隐公五年》："九月，考仲子之宫，将万焉。"

手搏

指摔跤、角力、拳击之类的搏斗游戏。

明代张自烈《正字通·卜部》："《汉书·成帝纪》：赞时览卞，射武戏苏林。注：手搏为卞，角力为武戏。"宋代司马光《涑水记闻》卷九："县旁山上有庙，世衡葺之，其梁重大，众不能举。世衡下令校手搏，倾城人随往观之。世衡谓观者：'汝曹为我致庙梁，然后观手搏。'众欣然下山，共举之，须臾而上。"唐代释慧琳《一切经音义》卷第三十四："字书云：相扑手搏也。"

筑球

筑球即蹴球，踢球之义。"筑"，用于筑球的时候就是"蹴"义。唐代韦庄《丙辰年鄜州遇寒食城外醉吟》五首之五："永日迢迢无一事，隔街闻筑气球声。"宋代贺铸《木兰花》："舞腰轻怯绛裙长，羞按筑球花十八。"
蹴："踢"义。《篇海类编·身体类·足部》："蹴，蹴鞠。"《史记·燕召公世家》："将渠引燕王绶止之曰：'王必无自往，往无成功。'王蹴之以足。"《晋书·祖逖传》："中夜闻荒鸡鸣，蹴琨觉曰：'此非恶声也。'因起舞。""筑球"一词习见不同的文献，如宋代徐梦莘《三朝北盟会编》卷七十八："弟子七人，鞍作十人，玉匠一百人，内臣五十人，街市弟子五十人，学士院待诏五人，筑球。"《都城纪胜·瓦舍众伎》："杂手艺皆有巧名：踢瓶、弄碗、踢磬、弄花鼓捶、踢墨笔、弄球子、筑球、弄斗……手影戏、弄头钱、变线儿、写沙书、改字。"

马球

《汉语大词典》"马球"条有两个义项："①球类运动项目之一。与我国古代的击鞠相似。比赛分二队，每队四人，前锋后卫各二。球场长方形，运动员骑马，用藤柄带木拐的曲棒把球击入对方球门为胜。②指马球运动所用的球。藤根制成。"但是令人遗憾的是两个义项皆无书证。今可以作补。《玉海》："宝历二年六月二十八日，御三殿观两军教坊内园，分朋作驴鞠马球之戏，至二更方罢。"此条书证可以弥补义项①的缺失。《申报》(新闻 Aug.25,

1879, Num.2269）："近来大宪定章，以每月课试一次，步箭五条，马球一支，第其高下给以奖赏，以示体恤之意。"此条书证可以弥补义项②的缺失。

注坡

"注坡"，即"以较为勇猛的姿态（气势）下坡"。《宾退录》卷二："孟浩然如洞庭始波，木叶微脱。杜牧之如铜丸走坂，骏马注坡。白乐天如山东父老，课农桑言，言皆实。"例子中的"骏马注坡"就是"骏马下坡"。《诗人玉屑·词气如百金战马》卷十四："予爱其词气如百金战马，注坡募涧，如履平地。得诗人之遗法。"例子中的"注坡募涧"即为"以凶猛的姿态下坡，穿梭于溪涧之间。"《宋史》卷三六五："师每休舍，课将士注坡跳壕，皆重铠习之。子云尝习注坡，马踬，怒而鞭之。"此例子中"注坡"与"跳壕"相对，即"下坡"对应"跳跃壕沟"，语义更加明显。

冰嬉

清代源于满族一种冰上游戏项目，后逐渐推广。《申报》（1942.1.11）："北国天寒，每届冬季，例有溜冰戏。此戏始于清初，称为冰嬉。"清高宗《冰嬉赋序》："国俗有冰嬉者，护膝以荮，牢鞋以韦，或底含双齿，使啮凌而人不踣焉；或荐铁如刀，使践冰而步愈疾焉。"《榆巢杂识·冰嬉之技》："每岁冬间，太液冰坚，令八旗与内府三旗简习冰嬉之技，分棚掷采球，互程趫捷。"

翘关

本义指把门栓举起来，后代延伸为把重物举起来。"翘"，"举起"之义。《广雅·释诂一》："翘，举也。"《庄子·马蹄》："龁草饮水，翘足而陆。"《淮南子·修务训》："夫马之为草驹之时，跳跃扬蹄，翘尾而走，人不能制。"高诱注："翘，举也。""关"，"门闩"。《说文·门部》："关，以木横持门户也。"《左传·襄公二十三年》："臧孙斩鹿门之关以出奔邾。"杨伯峻注："关为横木，故可枕，今谓之门栓。"可见"关"的重量较大。唐代时"翘关"后来成为一种武试的科目。《永乐大典》卷之八百五十一："翘关负重，君无乃。武后时，唐置武举有此科。"《新唐书·选举志上》："长安二年，始置武举。其制有长垛……又有马枪、翘关、负重、身材之选。翘关长丈七尺，径三寸半，凡十举后，手持关距，出处无过一尺。"

蹶张

"蹶张"指的是用脚把弓箭张开。蹶："踩；踏"。《文选·扬雄〈羽猎赋〉》："蹶松柏，掌蒺藜。"李善注："蹶，踏也。"《庄子·秋水》："赴水则接腋持颐，蹶泥则没足灭跗。""蹶张"即为用脚把弓箭张开。《前汉·申屠嘉传》："以材官蹶张。"[注]如淳曰："能脚踏强弩张之，故曰蹶张。"师古曰："今之弩，以手张者曰擘张，以足张者曰蹶张。"洪武正韵："汉材官，能脚踏强弩，张之，曰蹶张。"宋代王禹偁《射弩》诗："蹶张见旧史，强弩亦古官。"《揭傒斯全集诗集》卷七："将军之孙才且良，文能作赋武蹶张。秦皇城下饮白马，祁连山中射白狼。"

蚩尤戏

角抵戏的一种，始于汉代。《神异典》第三十五卷："今冀州有乐，名蚩尤戏。其民两两三三，头戴牛角而相抵，汉造角抵戏，盖其遗制也。"这种戏开始的时候是展示对前辈的怀念，后来是成为展现旺盛生命力的一种形式。《国语辞典》："古技艺之一，演者头戴牛角而相抵以为戏。"清代翟灏的《通俗编》与俞樾的《茶香室丛钞·蚩尤戏》对此有详细的解读。清代翟灏《通俗编》卷三十一："《汉书·武帝纪》：'元封三年作角抵戏。'注云：抵者，当也，两两相当，以角力角技艺，非谓抵触也。《后汉书·仲长统传》作角抵。《述异记》古蚩尤有角，以角抵人，人不能向，今冀州有蚩尤戏，头戴牛角而相抵。《武林旧事》以相扑为角抵社。《留青日札》：'今小儿俯身两手据地以头相触，即古角抵之戏。'"俞樾《茶香室丛钞·蚩尤戏》："按：角抵亦作觳抵，见《史记·李斯传》。亦作角抵，见《汉书·武帝纪》，《李斯传》注引应劭曰：角者角，材也。抵者，相抵触也，常疑其望文生训，今读《述异记》，乃知本于蚩尤戏，故表出之。又按：蚩尤戏，即后世扮演古事之权舆矣。"

步打球

"步打球"即"步打毬"，古代的一种球类游戏，类似于后来的棒球之类。这种球类在唐代盛行于宫中，唐代王建《宫词》之七三："殿前铺设两边楼，寒食宫人步打球。一半走来争跪拜，上棚先谢得头筹。"至元明时期，宫中也很流行，如《元宫词百章笺注》："苑内萧墙景最幽，一方池阁正新秋。内臣净扫场中地，官里时来步打球。"这种球类本为军中的游戏，后来才传入宫中及民间。

部署

1.元明时期的拳棒教师。《全元杂剧·刘千病打独角牛》："着部署扯开藤棒，我则一拳，我就打做他一个螃蟹。"《全元杂剧·阋阅舞射柳蕤丸记》："外扮部署领打拳、打棍四人上，部署云：'抢枪舞剑显高强，跌打全凭膂力刚。'"

2.元明时期打擂比武时，擂台比武的主持人。《水浒传》第七四回："一个年老的部署，拿着竹批，上得献台，参神已罢，便请今年相扑的对手出马争交。"

燕濯

古代杂技的一种。濯："洗涤"之义。《广雅·释诂二》："濯，洒也。"《诗·大雅·泂酌》："泂酌彼行潦，挹彼注兹，可以濯罍。"毛传："濯，涤也。"《孟子·滕文公上》："江汉以濯之，秋阳以暴之，皜皜乎不可尚已。""燕濯"这种杂技的根本特征是姿态如燕子洗浴。《文选·张衡〈西京赋〉》："冲狭燕濯，胸突铦锋。"薛综的注解非常明确指出了这个特征："以盘水置前，坐其后，踊身张手跳前，以足偶节逾水，复却坐，如燕之浴也。"

叠案

一种手撑倒立于物体上的杂技表演。清·黄遵宪《日本国志》卷之三十六："又叠案高七尺，腾空而翻，超越而过，往复再四如，旋风焉。"

擎戴

《汉语大词典》"擎戴"释义为："杂技的一种。"但是为具体指出是何种杂技，杂技的特征是什么也没有进行描述。但《文献通考·乐考二十》"擎戴伎"条给予了解答："盖两伎以手相抵戴而行也。"这种杂技在宋代得以流行。宋代的文献有详细的记录，如（宋）孟元老《东京梦华录·宰执亲王宗室百官入内上寿》："百戏乃上竿、跳索、倒立、折腰、弄碗注、踢瓶、筋斗、擎戴之类，即不用狮豹大旗神鬼也。"《宋会要辑稿·乐五·教坊乐》："百戏有蹴球、踏跷、藏擫、杂旋、狮子、弄枪、铃瓶、茶碗、毡睨、碎剑、踏索、上竿、筋斗、擎戴、拗腰、透剑门、打弹丸之类。"

拗腰

"拗"，"折"也。《玉篇·手部》："拗，拗折也。""拗腰",百戏的一种,主要流行于宋代。幽兰居士《东京梦华录》卷之七:"宋朝杂乐百戏。有踏球、蹴球、踏跷、藏挟、杂旋、弄枪、铃瓶、踶剑、踏索、寻橦、筋斗、拗腰、透剑门、飞弹丸、女伎、百戏之类。"又如《宋史》卷一四二:"百戏有蹴球、踏跷、藏撇、杂旋、狮子、弄枪、铃瓶、苍碗、毡踶、碎剑、踏索、上竿、筋斗、擎戴、拗腰、透剑门、打弹丸之类。"关于"拗腰"的基本特征,《文献通考》有较为清晰的描述,《文献通考》卷一百四十七:"拗腰伎:盖翻折其身,手足皆至于地,以口衔器而复立也。"今广东广州话中仍有"拗腰"一词。《汉语方言大词典》"拗腰"条:"动词,向后弯腰。"[1]

七德舞

唐代的舞蹈名。"七德"语出《左传·宣公十二年》所谓禁暴、戢兵、保大、定功、安民、和众、丰财七件事。"七德舞"本为《秦王破阵乐曲》,后更名为《七德》之舞。《旧唐书·音乐志一》:"贞观元年,宴群臣,始奏《秦王破阵》之曲……其后令魏征、虞世南、褚亮、

---

[1] 许宝华,宫田一郎.汉语方言大词典[M].北京:中华书局,1999.第3303页.

李百药改制歌辞，更名《七德》之舞，增舞者至百二十人，被甲执戟，以象战阵之法焉。"又，明代张自烈《正字通·舛部》"舞"条："唐贞观七年，宴三品以上及州牧蛮酋于玄武门，奏七德九功之舞。魏征侍，上宴见七德舞，俛首不视，及见九功舞，辄谛视之。注：七德，秦王破阵乐也。"至于"七德舞"的具体舞蹈方式及舞蹈规则，《资治通鉴释文》有明确的描述："太宗为秦王破刘武周军中……即位，宴会必奏之。以百二十八人被银甲，执戟而舞，凡三变。每变为四阵，象击刺往来，后更名七德舞。"关于"七德舞"产生的年代，《新唐书》有明确的记录。《新唐书·礼乐志》："唐之自制乐凡三：一曰七德舞，二曰九功舞，三曰上元舞。"从文献上看，七德舞主要产生于唐代，盛行于唐代，其后没落乃至消失。

字舞

以队形的变化，组成各种文字字样的舞蹈。《乐府杂录》："舞有字舞。以舞人亚身于地布成字也。"清代翟灏《通俗编·俳优》："《旧唐书·音乐志》：'上元圣寿乐武后作也。舞者百四十人，行列必成字，十六变而毕，有"圣超千古、道泰百王、皇帝万年、宝祚弥昌字"'。《乐录》舞人亚身于地而成字，谓之字舞。"《新唐书·南蛮》：
"余字皆如之，唯'圣'字词末皆恭揖，以明奉圣。每一
字，曲三迭，名为五成。次急奏一迭，四十八人分行罄
折，像将臣御边也。字舞毕，舞者十六人为四列，又舞
辟四门之舞。"后代举行的大型活动也继承了"字舞"传
统。如宋代顾文荐《负暄杂录·傀儡子》："字舞者，以
身亚地布成字也。今庆寿锡燕，排场作'天下太平'字者
是也。"直至今天，现代的大型运动会也有使用队形组成
文字或者图案的舞蹈。

大射

为祭祀、选士而举行的射礼。《礼·射义》："古者，
天子以射选诸侯卿大夫士。射者，男子之事也，因而饰之
以礼乐也。又射之为言，绎也。各绎已之志也，故射者心
平体正，持弓矢审固。持弓矢审固，然后中。又射义有大
射、宾射、燕射。"《周礼·天官·司裘》："王大射，则共
虎侯、熊侯、豹侯，设其鹄；诸侯则共熊侯、豹侯；卿大
夫则共麋侯，皆设其鹄。"郑玄注："大射者，为祭祀射。
王将有郊庙之事，以射择诸侯及群臣与邦国所贡之士可以
与祭者……而中多者得与于祭。"

乡射

古代饮酒时射箭的礼仪。

清代段玉裁《说文解字注》："泮下曰：'诸侯飨射泮宫也。飨皆谓养老也。古者乡饮乡射必联类而行，卿大夫士之射必先行乡饮酒之礼，天子诸侯则先大射，后养老。'"《周礼·地官·乡大夫》："退而以乡射之礼五物询众庶。"孙诒让正义："退，谓王受贤能之书事毕，乡大夫与乡老则退各就其乡学之庠而与乡人习射，是为乡射之礼。"古人的礼仪很多，不同的事项有不同的礼节，有的文献对此有详细的记录，如《古文辞类纂》卷三："故因其田猎而为狩之礼，因其嫁娶而为婚姻之礼，因其死葬而为丧祭之礼，因其饮食群聚而为乡射之礼。"《贯月查》："夫投壶著节，乡射有仪，皆所以合宾主之欢心，写友朋之乐事。"清代，在某些地方，这种礼仪有时甚至在学校进行专门的教授或者学习，如《广东新语》卷九："作四诚诗。令童子诵之。修古乡射礼于学宫。"

春蒐

春蒐：指的是春天打猎，又常常特指诸侯、帝王等在春天的狩猎活动。搜："打猎。"特指春猎。《尔雅·释天》：“春猎为搜。”郭璞注：“搜索取不任（妊）者。”《左传·隐公五年》：“故春搜、夏苗、秋狝、冬狩，皆于农隙以讲事也。”杜预注：“搜，索，择取不孕者。”《左传·定公四年》：“取于有阎之土以共王职，取于相土之东都以会王之东搜。”“春搜”常常在农闲之际进行。《左传·隐五年》：“故春搜，夏苗，秋狝，冬狩，皆于农闲以讲事也。”“春搜”有时有写作“春搜”“春獀”等，明代朱谋玮《诗故》卷一：“古者春獀、夏苗、秋狝、冬狩，以除田害，以讲武事，葭蓬之茁，则春獀矣。”《汉语大词典》“春搜”条释义为“帝王春季的射猎。”不妥，“春搜”活动在很早就有，秦以后才有皇帝之称谓，故解释为“帝王的春季狩猎”与历史事实不符。

夏苗

夏季的狩猎活动。沈约《均圣论》：“春搜免其怀孕，夏苗取其害谷，秋狝冬狩，所害诚多。”明代张自烈《正字通》：“春蒐、夏苗、秋狝、冬狩，皆曰田猎。”“苗”，“古称夏季田猎”。《尔雅·释天》：“夏猎为苗。”郭璞注：“为苗稼除害。”《诗·小雅·车攻》：“之子于苗，选徒嚣嚣。”毛传：“夏猎曰苗。”《左传·隐公五年》：“故春蒐、夏苗、秋狝、冬狩，皆于农隙以讲事也。”杜预注：

"苗，为苗除害也。"清代孙诒让《十三经注疏校记》："'故春蒐、夏苗、秋狝、冬狩。'注：'明帝集诸学士作《白虎通义》，因《谷梁》之文，为之生说，曰：'王者诸侯所以田猎何？为苗除害，上以共宗庙，下以简集士众也。'"由此看来，"夏苗"的主要任务是消灭损害庄稼的动物。

秋狝

古代君主秋季的狩猎活动。《尔雅·释天》："秋猎为狝。"《周礼·春官宗伯》："狝之日。莅卜来岁之戒。社之日。莅卜来岁之稼。"郑玄注："秋天为狝。""秋狝"后来逐渐成为一种盛典活动。《清实录·仁宗睿皇帝实录》："我皇考高宗纯皇帝敬承世德。每岁举行秋狝大典。"至清代，"秋狝"形成一种皇帝在秋天打猎的惯例。《清实录·高宗纯皇帝实录》："行围肄武。原为满洲旧习。皇祖在位六十余年中。每岁必出口行围。实为教养满洲至意。朕临御以来。抑法成规。岁行秋狝。"

戏车

在车上表演的一种杂技。《册府元龟》卷九百八："卫瑄代大陵人，以戏车为郎，事文帝。"注："戏车：若今之弄车之伎。"《古今图书集成·明伦汇编》："偃仰拜起，如礼之拘。杂以拔距、投石、冲狭、戏车、蛇矛交击，猿骑分驱。"《汉书·韩延寿传》："令骑士兵车四面营陈，被甲鞮鍪居马上，抱弩负兰。又使骑士戏车弄马盗骖。"

六博

"博"又写作"簿"。"六博"，古代一种掷采下棋的比赛游戏。《楚辞·招魂》："菎蔽象棋，有六簿些。"王逸注："投六箸，行六棋，故为六簿也。"为何称为"六博"？汉代的学者王逸有较好的说明："投六箸，行六棋，故为六簿也。言宴乐既毕，乃设六簿，以菎蔽为箸，象牙为棋，丽而且好也。"《后汉·梁冀传》："能挽满、弹棋、格五、六博、蹴鞠、意钱之戏。"上古时代的"六博"后来演变为"投骰子"。《古今词话·词辨》（下卷）："杨慎云：古之六博，即今骰子也。晋谢艾传，枭者邀也，六博得么者胜。即骰子之么也。"后代的"投骰子"较为盛行，如《新五代史·梁广王朱全昱传》："太祖宴居宫中，与王饮博，全昱酒酣，取骰子击盆而迸之。"直至现代，这类游戏都较为流行，巴金《家》十六："在明亮的灯光下也有许多人围着一张桌子吆喝地掷骰子。"

杓棒

古代用于击球的头部弯曲的棍棒，这种运动器械元代始见。（元）无名氏《射柳捶丸》第三折：［正末做打球门科］［唱］……"你可便看我结束头巾砌珍珠……款款的骤龙驹，轻轻的探身躯，杓棒起，月轮弧，彩球落，晓星疏。"

朴棒

元代无名氏《丸经》描述了古代打球的不同姿势："有立者、蹲者、行者、飞者。远着立，近者蹲，无阻则行，有阻则飞。"明代陶宗仪《说郛》（顺治本）注释为："朴棒：单手杓棒是也。"即：用一只手击打球的木棒叫"朴棒"。

搛棒

"搛棒"，又称为"搛"，宋金元时捶丸游戏中击球的长棒。搛棒前端较为宽平，放在提篮里，用于平坦场地上打地滚球，这种游戏类似于后来的高尔夫球游戏。元代无名氏《丸经·承式》："让采索窝，忘搛成算。"注："手中无搛者，算输一筹。"元代无名氏《丸经·试艺》"权有立者，蹲者，行者，飞者"注："掸当立而运……行者，掸棒是也。"关于"掸棒"的制作方法，明·陶宗仪《说郛》有详细的说明，《说郛》卷一百一："凡扑棒、掸棒、单手杓棒，欲令致远，必须皮面窄，木分厚。若违此式，则不相应矣。"

弋射

弋射，本来指的是射鸟活动，后来泛指一切的射猎活动。"弋"，禽鸟之义。《大戴礼记·夏小正》："十有二月鸣弋。弋也者，禽也。"王聘珍解诂："弋，谓鸷鸟也，鹰隼之属。"故，"弋射"即为"射鸟"。《史记·货殖列传》："弋射渔猎，犯晨夜，冒霜雪，驰坑谷，不避猛兽之害，为得味也。"其实，最早时候真正的弋射是用生丝缕系住箭进行的射鸟活动，《汉书》卷五七："微矰出，孅缴施，弋白鹄，连驾鹅。"唐代的颜师古注解曰："矰，短矢也。缴，生丝缕也。以缴系矰仰射高鸟，谓之弋射。矰，音增。缴，音灼。"后来泛指一切的射猎活动，如《藏书》卷二十八："杖汉节牧羊，卧起操持，节旄尽落。积五六年，单于弟于王弋射海上，武能网纺缴，檠弓弩。"《宋史·儒林传七·真德秀》："仪狄之酒，南威之色，盘游弋射之娱，禽兽狗马之玩，有一于兹，皆足害敬。"这里的"弋射"即泛指一切的射猎活动。

施钩

古代的秋千之戏，地域不同则名称有异。南朝·梁·宗懔《荆楚岁时记》："施钩之戏，以绠作篾缆，相胃绵亘数里，鸣鼓牵之。"又，《荆楚岁时记》："秋千本北方山戎之戏，以习轻趫者。后中国女子学之。乃以彩绳悬木立架。士女炫服，坐立其上推引之，名曰秋千。楚俗亦谓之施钩，《涅槃经》谓之骨索。"《古今艺术图》曰："秋千，北方山戎之戏，以习轻趫者。或云齐威公北伐山戎，此戏始传中国。然考之字书，则曰：秋千，绳戏也。今其字从革，实未尝用革。"其中的"秋千"即为秋千之戏，相传为春秋齐桓公从北方山戎引入。一说本作千秋，为汉武帝宫中祝寿之词，取千秋万岁之义。后倒读为秋千，又转为"秋千"。宋代苏轼《寒食夜》诗："漏声透入碧窗纱，人静秋千影半斜。"金代元好问《辛亥寒食》诗："秋千与花影，并在月明中。"

牵钩

古代的拔河比赛游戏。清代夏味堂《拾雅》卷第十八："两人以手相按，能拔引之，曰：'拔距'。拔河，谓之牵钩。"关于"牵钩"的起源、地域及游戏规则等，唐代封演的《封氏闻见记》有详尽的记载与说明。《封氏闻见记》卷六："拔河，古谓之牵钩。襄汉风俗，常以正旦望日为之。相传楚将伐吴，以为教战。梁简文临雍部，禁之而不能绝。古用蔑缆，今民则以大麻组，长四五十丈，两头分系小索数百条，挂于前。分二朋，两朋齐挽。当大组之中，立大旗为界，震鼓叫噪，使相牵引。以却者为胜，就者为输，名曰拔河。""牵钩"起源于军事活动，后来逐渐进入民间。《隋书》卷三一："而南郡、襄阳尤甚。……二郡又有牵钩之戏，云从讲武所出，楚将伐吴，以为教战，流迁不改，习以相传。"

纸（木）鸢

纸鸢，即后来的风筝。"鸢"，鸟状的风筝。《新唐书·藩镇传·田悦》："佁急，以纸为风鸢，高百余丈，过悦营上，悦使善射者射之，不能及。""鸢"有木制与纸制的类型。纸鸢最早是为了军事上的通讯而发明的，相传为汉韩信所作。《事物纪原》："侯景攻梁台城，内外断绝，羊侃令小儿放纸鸢，藏诏于中，以达援军。"五代时期，李邺于宫中作纸鸢，引线乘风为戏，《七修类稿》有记载。《七修类稿》："纸鸢本五代汉隐帝与李业所造，为宫中之戏者。"作为一种游戏，纸鸢甚至成为一种治疗疾病的手段，《续博物志》："今之纸鸢，引丝而上，令小儿张口望视，以泄内热。"至于"纸鸢"又名"风筝"的原因，清代的《字课图说》有较好的说明："筝，瑟类，秦声也。……后蒙恬因之以造筝。本十二弦，今则十三。今小儿玩具，驾弦于纸鸢上放之空中，谓之风筝。以其音似筝也。"

击壤

击壤，就是敲击"壤"，古戏也。《衢艺经》："击壤，古戏。"《史记·五帝纪》："帝游康衢，老人击壤而歌于路。""壤"：古代一种游戏器具。三国魏曹植《名都篇》："连翩击鞠壤，巧捷惟万端。"宋代王应麟《困学纪闻·杂识下》："击壤，《风土记》云：以木为之，前广后锐，长尺三寸，其形如履。先侧一壤于地，遥于三四十步以手中壤击之，中者为上。""壤"这种器械常常由木头制作而成，明代李登《重刊详校篇海》卷之二："击壤，以木作之为戏。"《古今韵会举要》卷之十五："以木为之，长三四寸，其形如履，腊节。童少以为戏，分部以摛搏也。将戏先侧一壤于地，遥于三四十步，以手中壤摛之，中者为上。"关于"击壤"的游戏规则，《国语辞典》有较为清晰的说明。《国语辞典》"击壤"条："以履形之木，置其一于三四步外，再以手中之一击之，中者为胜，为古时野老之戏。"击壤至明清时期，称为"棒杖"。明代方以智《通雅·戏具》："击壤，今之棒杖也。"

弹棋

"弹棋"又写作"弹棊"，古代的一种博戏。《西京杂记》："成帝好蹴鞠，群臣以为劳。帝曰：可择似而不劳者奏之。家君作弹棊以献。"《后汉书·梁冀传》："能挽满、弹棊、格五、六博、蹴鞠、意钱之戏。"关于"弹棋"的规则，《艺经》有这种游戏的说明。《艺经》："弹棊：两人对局，白黑棊各六枚，先列棊相当，更先弹也。其局以石为之。""弹棋"，后亦指普通的下棋。《今古奇观》第十卷："他父亲是个老白相起家，吹箫、鼓琴、弹棋、做歪诗也都会得，常把这些教他，故此这女子无体不通。"《儿女英雄传》第十八回："渐次学到手谈、象戏、五木、双陆、弹棋。"

跳百（白）索

古代戏剧、运动名称的一种。以绳跳为戏名曰跳百索，即后来的跳绳。《古今图书集成·方舆汇编·职方典》："以绳跳为戏名曰跳百索。"关于"跳百（白）索"的运动规则，在清代人陈维崧《乌丝词》中有较好的说明。陈维崧《乌丝词》："跳索其戏，两人转彩绳于砌下，便捷如飞。一人距跃于白光中。吴俗谓之跳百索。"后来，"跳百（白）索"成为一种运动的名称。《古今图书集成·方舆汇编·职方典》："或有以绳跳跃，谓之跳百索。"明代笑笑生撰，清代张竹坡批《皋鹤堂批评第一奇书金瓶梅》："你前日吃了酒来家，一般的三个人在院子里跳百索儿。"

曲踊

曲踊，即"向上跳跃"的运动。踊，跳跃。《说文·足部》："踊，跳也。"《六书故·人九》："踊，跳起也。"《左传·哀公八年》："微虎欲宵攻王舍，私属徒七百人，三踊于幕庭。"杜预注："于帐前设格，令士试跃之。"曲踊又名跳踊。《春秋正义》卷第十三："曲踊，以曲为言，则谓向上跳而折复下，故以曲踊为跳踊耳。"曲踊这种运动首先出现于春秋战国时期，《左传·僖公二十八年》："魏犫束胸见使者，曰：'以君之灵，不有宁也。'距跃三百，曲踊三百。"杜预注："曲踊，跳踊也。"孔颖达疏："曲踊，以曲为言，则谓向上跳而折复下。"

后来，这种运动在某些方言地区又称为"旋风"，清代胡文英《吴下方言考》卷十："距跃今谚谓之飞脚曲踊今谚谓之旋风。"

步打球

步打球，即"步打"，又称为"步打球"，古代球类运动的一种，其典型的特征就是一种徒步以杖击球的传统球类运动。这种球类最早始于军中的游戏，后来传入宫中并逐渐在民间普及。《全唐诗》卷七百九十八："殿前铺设两边楼，寒食宫人步打球。一半走来争跪拜，上棚先谢得头筹。"宋代孙光宪《北梦琐言》卷一："洎僖宗皇帝好蹴球、斗鸡为乐，自以能于步打，谓俳优石野猪曰：'朕若作步打进士，亦合得一状元。'"《元宫词》："苑内萧墙景最幽，一方池阁正新秋。内臣净扫场中地，官里时来步打球。"由此可见，唐宋乃至于元代时期，皇宫中"步打球"这种游戏非常地盛行。《宋百家诗存》卷八："万腔腰鼓打梁州，舞罢还催步打球。更借缠头三百万，阿奴要彻第三筹。"反映了"步打球"在民间的流行。

十五柱球

十五柱球，又称木射。唐代陆秉《木射图》有详尽的说明。《木射图》："为十五笋以代侯，击地球以触之，笋饰以朱墨字，以贵贱之。朱者，仁、义、礼、智、信、温、良、恭、俭、让、墨、者、慢、傲、佞、贪、滥。仁者胜，滥者负，而行一赏罚焉。"从整体游戏的规则等方面考察，十五柱球可能是古击壤在唐代的变异。

踏球

踏球为宋朝杂乐百戏之一种。《东京梦华录注》卷之七："宋朝杂乐百戏。有踏球、蹴球、踏跷、藏挟、杂旋、弄枪、铃瓶、觚剑、踏索、寻橦、筋斗、拗腰、透剑门、飞弹丸、女伎、百戏之类。"关于"踏球"的游戏规则，宋元时代的学者马端临在《文献通考》中有明确的记载。《文献通考·乐考》："踏球戏。踏球，用木球高尺余，伎者立其上，圆转而行也。"

没水

"没水"，即潜水运动。晋代干宝《搜神记》卷二十："今水浅时，彼土人没水，取得旧木，坚贞光黑如漆。"朱骏声《说文通训定声》："没水以涉曰潜。"《晋书·谢玄传》："小将田泓乃没水潜行。"《藏书》卷二："始皇还过彭城，斋戒祷祠，欲出周鼎泗水。使千人没水求之，弗得。"

马伎

马伎指的是在马上表演的杂技。

伎，指散乐杂戏。《旧唐书·音乐志二》："汉世有《橦木伎》，又有《盘舞》……乐府诗云：'妍袖陵七盘。'言舞用盘七枚也，梁谓之《舞盘伎》。梁有《长跷伎》、《掷倒伎》、《跳剑伎》、《吞剑伎》，今并存。又有《舞轮伎》，盖今戏车轮者。《透三峡伎》盖今《透飞梯》之类也。""马伎"较早出现在宋代。《文献通考》卷三百四十八："戏有弄驼、狮子、马伎、绳伎。"又，《新唐书·鹘传下》："乐有笛、鼓、笙、觱篥、盘铃。戏有弄驼、狮子、马伎、绳伎。"少数民族尤善马伎，《清实录·高宗纯皇帝实录》："癸卯。上御万树园。赐扈从王大臣。蒙古王公台吉。及哈萨克斯坦使臣。观健锐兵立马伎。"

武舞

古代舞蹈的一种。《礼记·明堂位》："朱干玉戚。"疏："干，楯也。戚，斧也。舞者左手执楯，右手执斧，谓之武舞。"武舞与文舞是相对舞蹈，《虞书》："舞干羽于两阶"注文："文舞执羽，武舞执干。"又，《六书正讹》卷四："文舞用羽，武舞用殳。""殳"即为"兵器"。

宋·赵彦卫《云麓漫钞》卷十二："今之《舞蛮牌》即古武舞，《舞三台》与《调笑》即古文舞。"《册府元龟·卷五百五十七》："隋唐已来，乐兼夷夏，乃有文舞武舞之制。""武舞"的礼制至明清时期都较为盛行，《明太祖实录》卷之一百三："三十六人，各执羽钥。武舞如文舞之数，各执干戚，中各以二人为引舞制。"《国朝文类》卷二："文舞退，武舞进。"

筒射

筒射，射箭技术的一种。藏于竹筒内的暗箭，为袖箭之属，可以连发。《新唐书·刘巨容传》："巨容以筒箭射郢死，拜明州刺史。""筒射"在唐代成为选拔武将的一种必考项目。《文献通考》卷三十四："唐武举起于武后之时。长安二年，始置武举，其制有长垛、马射、步射、平射、筒射，又有马枪、翘关、负重、身材之选。"又，宋代王应麟《玉海》卷一百四十四："武宗会昌二年七月，幸左神策军阅武，大中五年五月，敕诸道择明兵法，能弓马枪弩筒射，军将二人为教练，使分番阅试。"

吐纳

道家养生之术的一种，主要表现为道家对呼吸之术的修炼方法。郭璞《游仙诗》："吐纳致真和，一朝忽虚蜕。飘然凌太清，眇尔景长灭。""吐纳"甚至成为治疗疾病的一种良方，《备急千金要方》卷第二十七："兴居有至和之常制。调利筋骨，有偃仰之方。祛疾闲邪，有吐纳之术。"《大唐新语》卷十："人有四肢五藏，一觉一寐，呼吸吐纳，精气往来，流而为荣卫，彰而为气色，发而为声音，此人之常数也。"《金楼子》卷六："呼吸吐纳，又非续骨之膏。故知济世各有其方也。"

蹋球

"蹋球"即"踏球"，"踢球"之义。"蹋"同"踏"，"踢"之义。《篇海类编·身体类·足部》："蹋，蹋鞠，踢球也。"《汉书·戾太子刘据传》："山阳男子张富昌为卒，足蹋开门。"《宣和遗事》前集："把个门儿关闭，闭塞也似，便是樊哙也踏不开。"明代无名氏《勘金环》头折："你也忒坏人伦，一句句伤风话。则是个惯了性的闲驴马，一脚的将人门户踏。""蹋球"又称"蹴球"，唐代封演《封氏闻见记·打球》："今乐人又有蹴球之事，戏彩画木球高一二丈，妓女登榻球转而行。萦回去来，无不如意，古蹋球之遗事也。"由此可见，唐代的"蹴球"就是古代的"踏球"。明清时期的"蹋球"甚至成为一种赌博的游戏，清代徐珂《清稗类钞·戏剧类》："浙东濒海各县，厥风甚盛……桐香往来吴越间，所识多豪门右族，贵戚公子……负贩骈集，陆博蹴球之徒，以及游手无常业者，且往往藉之以食。"

参考文献

著作：

［1］黄伟，卢鹰.《中国古代体育习俗》[M].西安：陕西人民出版社，1994.

［2］刘秉果.《中国古代体育史话》[M].成都：四川人民出版社，2007.

［3］李季芳，周西宽，徐永昌.《中国古代体育史简编》[M].北京：人民体育出版社，1984.

［4］朱永新，杨海明等.《中国古代体育》[M].杭州：浙江古籍出版社，2014.

［5］任海.《中国古代体育》[M].北京：商务印书馆，1996.

［6］杨向东.《中国古代体育文化史》[M].天津：天津人民出版社，2000.

［7］崔乐泉.《图说中国古代体育》[M].世界图书出

版西安公司，2007.

［8］徐永昌.《中国古代体育》［M］.北京：北京师范大学出版社，1983.

［9］刘媛媛等.《先秦身体观语境下的中国古代体育文化》［M］.北京：北京体育大学出版社，2016.

［10］王赛时.《中国古代体育文明》［M］.济南：山东大学出版社，2018.

［11］乔志霞.《中国古代体育》［M］.北京：中国商业出版社，2015.

［12］徐潜.《中国古代体育与健身》［M］.长春：吉林文史出版社，2014.

［13］国家体委体育文史工作委员会，中国体育史学会编.《中国古代体育史》［M］.北京：北京体育学院出版社，1990.

［14］李世宏.《传统教育视角下中国古代体育文化研究》［M］.上海：上海人民出版社，2018.

［15］郑振坤.《中国古代体育思想史纲要》［M］.北京：人民体育出版社，1989.

［16］钟全宏.《中国古代体育文化》［M］.北京：人民体育出版社，2023.

［17］崔乐泉.《中国古代体育项目志》［M］.天津：

天津社会科学院出版社，2019.

［18］林伯原.《中国古代体育史》[M].华联出版社，1980.

［19］崔乐泉.《中国古代体育文化源流》[M].贵阳：贵州民族出版社，2011.

［20］王斌.《中国古代体育项目志之民间体育》[M].北京：中国社会科学出版社，2013.

［21］高继科.《中国古代体育文化研究》[M].哈尔滨：哈尔滨工业大学出版社，2018.

［22］陈昌怡，谭华.《古代体育寻踪》[M].北京：人民体育出版社，1990.

［23］刘秉果.《中国古代体育简史》[M].北京：中华书局，2010.

［24］赵宗跃.《中国古代正史体育文献资料译注》[M].北京：人民体育出版社，2007.

［25］徐永昌.《文化宝库中的一颗明珠　我国古代体育》[M].北京：人民体育出版社，1980.

［26］陈新华.《中国古代射箭文化史》[M].北京：中国社会科学出版社，2021.

［27］林伯原，谷世权.《中国体育史》[M].北京：北京体育学院出版社，1989.

期刊论文：

［1］王宇，董奎，曹榆，等.中国古代传统体育运动文化特征研究［J］.武术研究，2024，9（08）.

［2］丁珊珊，周佳，韩雨欣."一带一路"背景下古代体育文化外宣研究——以"打马球纹铜镜"阐释文本为例［J］.体育世界，2024，（11）.

［3］陈鹏屹.中国古代体育文化展中体育文物的保护与利用［J］.东方收藏，2024，（03）.

［4］崔乐泉，赵子建.中华体育文明的内涵特征及现代性转化［J］.西安体育学院学报，2023，40（04）.

［5］戴羽，高海杰，刘青.中国古代竞戏判例研究［J］.成都体育学院学报，2023，49（02）.

［6］岳晓燕，王迎港，孟可馨.中国古代兵家攻防技击的体育思想脉络及现代启示［J］.福建体育科技，2022，41（05）.

［7］崔乐泉，邢金善.基于体育考古学视角的汉代马术活动研究［J］.西安体育学院学报，2022，39（04）.

［8］曾长乐.古代神话中的体育文化探究［J］.当代体育科技，2021，11（29）.

［9］李鑫江，李开远.从克孜尔壁画中透视古代西域

体育文化［J］.武术研究，2021，6（04）.

［10］佑乾鑫，连梦龙，李宁.古代休闲体育投壶运动的发展研究［J］.体育科技文献通报，2020，28（10）.

［11］崔乐泉，陈沫.基于体育教育视角的中华优秀传统文化研究［J］.北京体育大学学报，2020，43（02）.

［12］赵星，刘雪凯.我国古代体育地名文化研究［J］.广州体育学院学报，2019，39（05）.

［13］吴斌.中国古代文学作品中的体育活动［J］.武术研究，2019，4（09）.

［14］余晓玲.从古代文学作品看传统体育的历史与精神［J］.名作欣赏，2019，（08）.

［15］蔡艺，陈凌.中韩古代岁时体育风俗比较研究［J］.辽宁体育科技，2019，41（01）.

［16］杨海东，张矛矛.从诗词看我国古代女子体育发展［J］.体育文化导刊，2018，（12）.

［17］孙静，张波.中国古代体育赛会的社会起源与文化意义研究——以先秦"射礼"赛会为例［J］.山东体育学院学报，2018，34（01）.

［18］崔乐泉，任塘珂.从《丸经》对古代捶丸活动的记载看中国传统体育运动观［J］.成都体育学院学报，2017，43（05）.

［19］崔乐泉.中国古代捶丸发展与演变的考古学观察——兼及古代体育史有关研究方法的思考［J］.体育学刊，2017，24（01）.

［20］张剑威，王彬彬，汤卫东.南宋临安民间体育述考［J］.吉林体育学院学报，2016，32（05）.

［21］戴羽，高海杰，刘青.中国古代竞戏判例研究［J］.成都体育学院学报，2023，49（02）.

［22］赵鹏东.我国古代大众体育活动内容和文化精神互阐［J］.文化学刊，2021，（11）.

［23］张来成，肖进勇.蹴鞠与踢毽关系的历史演进研究［J］.体育文化导刊，2017，（12）.

图书在版编目(CIP)数据

中国古代体育语词研究 / 张晓宁著. -- 上海 ：上
海三联书店，2025. 8. -- ISBN 978-7-5426-8976-4

Ⅰ. G812.92-61

中国国家版本馆 CIP 数据核字第 202540S74D 号

中国古代体育语词研究

著　　者 / 张晓宁

责任编辑 / 殷亚平
装帧设计 / 徐　徐
监　　制 / 姚　军
责任校对 / 王凌霄

出版发行 / 上海三联书店
　　　　　(200041)中国上海市静安区威海路 755 号 30 楼
邮　　箱 / sdxsanlian@sina.com
联系电话 / 编辑部：021 - 22895517
　　　　　发行部：021 - 22895559
印　　刷 / 上海新华印刷有限公司

版　　次 / 2025 年 8 月第 1 版
印　　次 / 2025 年 8 月第 1 次印刷
开　　本 / 890 mm × 1240 mm　1/32
字　　数 / 120 千字
印　　张 / 7.125
书　　号 / ISBN 978 - 7 - 5426 - 8976 - 4/G・1774
定　　价 / 68.00 元

敬启读者,如发现本书有印装质量问题,请与印刷厂联系 021 - 56324200